哲学の自然

中沢新一
國分功一郎

太田出版

哲学の自然／目次

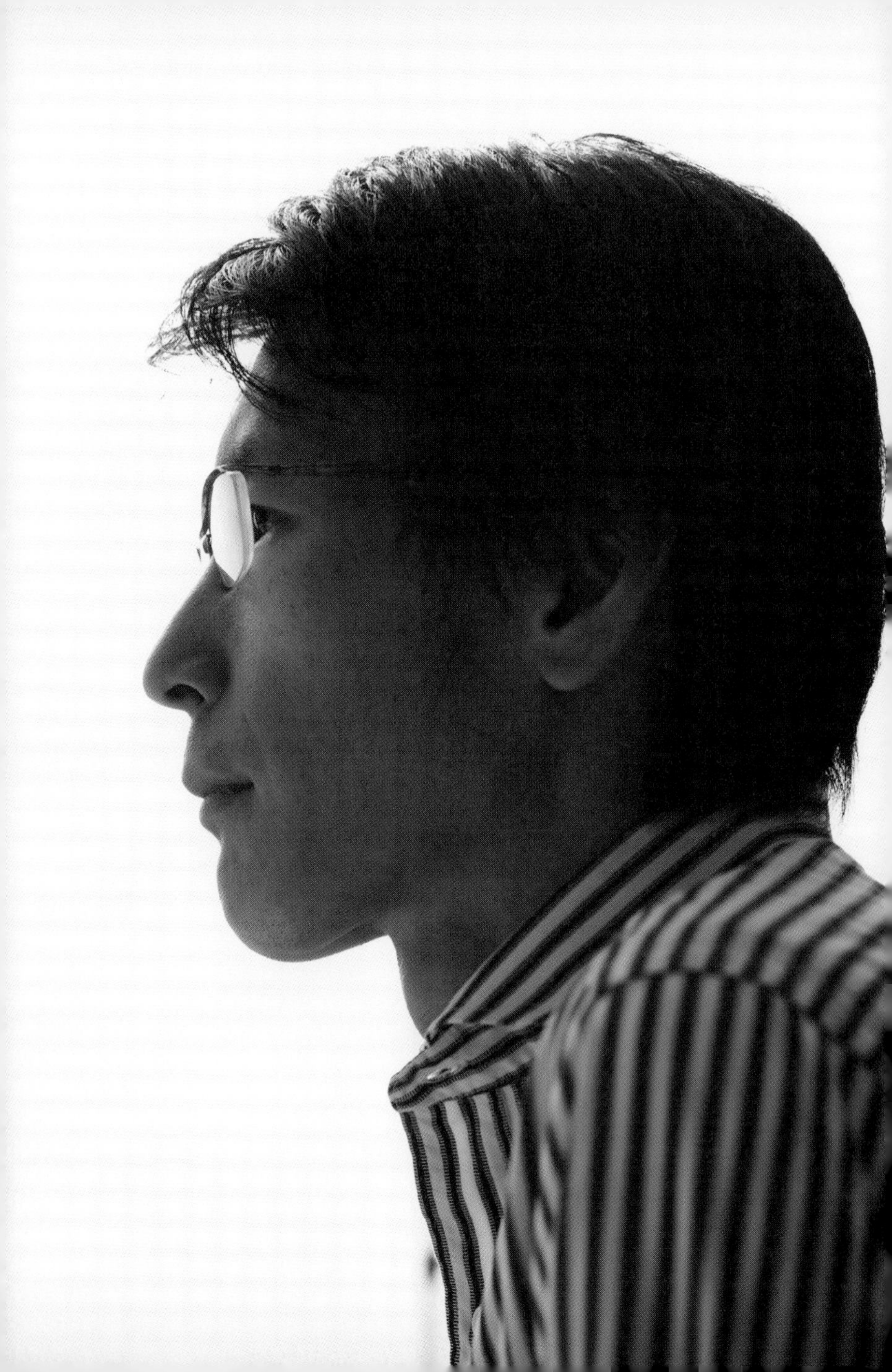

哲学の自然

まえがき

本書に収められているのは、中沢新一さんと私が、二〇一二年一月、六月、八月、一二月の全四回にわたっておこなった対話の記録である。

対話の出発点には、二〇一一年三月一一日に起きた福島第一原発の事故がある。同日午後に発生した東北地方太平洋沖地震は巨大な津波を発生させ、津波は東北各地の沿岸部を襲った。被害を受けた地域には東京電力が管理する福島第一原発があった。地震と津波によって電力供給を絶たれた原発では、冷却水の循環がおこなわれなくなり、核燃料はメルトダウンを起こした。大量の放射性物質が大気と海水に流出した。被害規模の全容はまだ分からない。

中沢さんはこの事故を受けてすぐ、後に『日本の大転換』（集英社新書）として一冊にまとめられることとなる論文の連載を開始された。日本を代表する人類学者・哲学者である中沢さんは理系の出身である。中沢さんは原子力発電の原理や物理学を猛烈に勉強し直したという。その上で、原子力発電という技術を、まったく新しい哲学的な観点から位置づけた。中沢さんはいわば、この技術の存在そのものを問う〈原子力技術の存在論〉という課題に着手したのである。

事故の後、「なぜこんなことになってしまったのか……」という気持ちに苛まれていたにもかかわらず、自分が専門とする哲学の中で一体何をどうすればいいのか、その手がかりがつかめずにいた私は、一読者として、原子力技術を根源にまで遡って思考する中沢さんの哲学的な力に強く惹かれた。もちろん、中沢さんが言っていることを鵜呑みにするということではない。原子力に対面した哲学は何をするべきなのか？――それを考えるためのヒントを中沢さんの論考に見出すことができたように思ったのだ。

＊

その中沢さんから対話の提案を受けたのは二〇一一年末のことである。私は大変驚いた。中沢さんはどうやら、同年一〇月に出版した拙著『暇と退屈の倫理学』（朝日出版社）を通じて私の仕事に関心を持ってくださったようだった。それは大変光栄なことであり、とてもうれしかったが、不安もあった。自分はあの中沢新一さんとの対談を滞りなく進めることができるだろうか……。とはいえ、不安を取り除くには抜かりない準備をおこなうしかない。私は中沢さんの本を読み直し、原発についての資料を読みあさり、哲学に携わる者として何ができるかを考え続け、当日に臨んだ。

実は私は中沢さんとは面識があった。数年前まで私は、中沢さんの以前の勤め先である多摩美術大学芸術学科で非常勤講師として講義を担当していた。そのため中沢さんとは何度か話をしたことがあった。しかし、それは立ち話のようなものである。テーマを決めておこなう対談ははじめてだった。当日、私は中沢さんの話をよく聞き、自分が勉強してきたことをもとに、中沢さんと対話した。

こうして終えた第一回の対談は大成功であった。驚いたのは、周囲で聞いていた数人の編集の方たちが、対談の終わった瞬間、思わず拍手をしてくれたことである。私も何度か対談収録をおこなっているが、そんなことははじめてだった。中沢さんとは何かが通じ合った感触があった。お互いがお互いの思考を絡ませつつ、しかし自由に展開できる、そんな場がそこに発生していた。

＊

対談は雑誌『atプラス』のためのものだったが、中沢さんから、対談をこのまま続けて本にしたいという提案をいただき、連続対談をおこなうことが決まった。対談は準備が大変だった。中沢さんからは毎回新しい宿題が提示され、私はそれを毎回一生懸命にこなしていった。

話題はどんどん広がっていったが、二人の関心は共通していた。それは、新しい自然哲学を構築しなければならないという思いである。

哲学にとって「自然」とは数あるテーマの中の一つではない。むしろ哲学は、自然について考えること、自然を発見することによってはじまった。アリストテレスは最初の哲学者たちのことを「自然について語った人々」と呼び、「神々について語った人々」と区別することで彼らを定義している。

無論、「自然」と言うとき、一体この語が何を指しているのかが最大の問題である。そこには現象の総体という意味もあれば、物事の本性という意味もある。だがこの語をどう定義するにせよ、新しい自然哲学は、「自然環境」という意味での「自然」をも含み込んでいなければならない。広い意味でも、狭い意味でも、自然なるものにアプローチする新しい哲学が必要なのだ。

そして自然なるものが、哲学にとっての一テーマではなく、哲学という営みそれ自体を定義するものであるとしたら、新しい自然哲学を求める二人の対談の試みは、哲学の自然、すなわち哲学の本性を探求する試みでもあるだろう。

もちろんこんな巨大な問題への答えがすぐに出るはずはない。しかしいくつかのヒントを提示することはできたのではないかと思う。

＊

また本書の試みが思弁的なものに留まっていないこともあわせて強調しておきたい。私はいま地元の東京都小平市で、都道3・2・8号線計画に住民の意思を反映させるための運動を応援している。計画は五〇年前に策定されたものだが、住民の反対もあり、その後長く凍結されてきた。ところが東京都は数年前に突然、計画着手を宣言。その後、形ばかりの「住民説明会」を開き、住民の意見には耳も傾けず、強引に計画を進めている。

この道路は、総工費約二五〇億円。住民の憩いの場である大きな雑木林と玉川上水遊歩道を貫き、四八〇本の木を切り倒す、三六メートル幅の巨大な道路だ。約二二〇世帯が立ち退きの対象になる。道路予定地と平行して走る府中街道の整備や拡張はまったく考えず、計画ありきで事を進めていく行政のやり方に、私は憤りを覚えた。そして、民主主義とは何なのか、それについてもう一度ここから考え直さねばならないという強い決意を抱いた。

そんなとき、都道3・2・8号線問題のことを聞きつけた中沢さんが、この住民運動を全面的に支援してくれることになった。中沢さんは原発事故の後、「緑の意識を可視化する」というスローガンのもとにグリーンアクティブというネットワークを立ち上げていたが、その支援を得ながら、小平市で中沢さんと私の講演会も開催した。

新しい自然哲学が必要だという思いは、この実践の中でより強いものになっていった。この思いを読者のみなさんと共有できれば、こんなにうれしいことはない。なるべく分かりやすい言葉で語るよう心がけたつもりである。「何か考えるヒントが得られるかな」という気軽な気持ちで、分からないところは読み飛ばしながら読み進めていただければ幸いである。

対談の収録にあたっては、落合美砂さん、小原央明さん、河村信さん、野沢なつみさんに大変お世話になった。心からお礼を申し上げたい。

國分功一郎

第Ⅰ章

〈原子力時代〉から先史《プレヒストリー》の哲学へ

グリーンアクティブともうひとつのインターナショナリズム

中沢――國分さんとこういう時期に「３・11以後の時代に哲学が思考すべきことは何なのか」をテーマにお話しすることには大きな意味があると感じます。まずはいま僕たちが準備している運動体の話をしてみます。僕は『日本の大転換』[注1]の中で日本には「緑の党みたいなもの」が必要だと書きました。それを実現しようと思っていま設立準備をしているのが「ＧＲＥＥＮ ＡＣＴＩＶＥ／グリーンアクティブ」[注2]です。これは「党」というよりも連合体的なネットワークの名称です。いま中心となっているメンバーは僕と宮台真司さん、いとうせいこうさん、マエキタミヤコさんの四人ですが、その周辺に実に多くの人が関わっています。日本人による「緑」の意識によって結ばれた組織体をつくろうという考えで、僕らのように第一次産業の再生をベースにすえた新しい経済と地域社会の形をつくろうとしている人たちもいれば、宮台さんのように「コンセンサス会

注1　中沢新一『日本の大転換』集英社新書、二〇一一年。

注2　中沢新一、宮台真司、いとうせいこう、マエキタミヤコが発起人となってつくられた「緑の意識」を共通項に結びつくネットワーク。中沢新一が代表を務める。この対談後の二〇一二年二月一三日に正式に設立された。

議」というものをつくって、ヴァーチャルな世論をリアルな空間に接続するインターフェイスづくりをしようとしている人もいる。いとうさんのように大衆的な意志を身体運動として表現するために新しいデモの形態をつくり出していこうとする人もいます。また直接の仲間ではないのですが、新しい環境政党を実際に立ち上げようと準備している人たちもいます。注3 このようにいろいろな運動モジュールが結びついたネットワークなので、どうしても「緑の党みたいなもの」になってしまうんですよ（笑）。でもこれがいずれ、日本の「緑の党」に成長していくでしょう。

國分――なるほど。それでは「緑の党みたいなもの」という言い方で正確なわけですね（笑）。中沢さんはヨーロッパの「緑の党」の歴史を調べていくうちに、そこに少し違和感を持ったというお話もされていましたが、それは具体的にはどういう部分でしょうか？

中沢――ヨーロッパの「緑の党」は、一九六八年の左翼運動が大きな

注3　対談後の二〇一二年七月九日に「緑の党」として正式に発足。共同代表は長谷川羽衣子、髙坂勝、すぐろ奈緒、中山均の四名。

曲がり角を経験し、そこから出てきた経緯もあって、かつての社会党に環境意識をプラスした政党のようなところがあります。ドイツ「緑の党」の思想や綱領などを見てみると、「これは日本にはそぐわないな」と思うところもたくさんありました。例えば、自然観をとってみても、ヨーロッパのエコロジー運動は、人間と自然を一度切り離してしまった上で再統合をしようという考え方です。しかし、日本人の自然観では、そもそも人間と自然は切断していない。切断しないで、人間と自然との間にインターフェイスを形成してきた伝統があります。僕は『日本の大転換』の中でこのインターフェイスの構造を「キアスム（交差）」と呼んでいますが、そういう日本人の自然観を活かして運動をするには、どうしてもドイツ「緑の党」の左派的な思考をそのまま採用することはできないのです。

そこで「緑の党」の歴史についていろいろと調べて見ると、その起源はヨーロッパではなくて、タスマニアにあることが分かりました。一九七二年にオーストラリアのタスマニア州選挙に向けて結成された「United Tasmania Group」が発展して「緑の党」になったのが最初のようです。タスマニアやニュージーランドの「緑の党」の発想の背後にあるのはどうやら「パーマカルチャー」[注4]的な考え方なんですね。例えば、ニュージーランドの「緑の党」などはマオリ族の言葉を使って自分たちの運動の理念を表現しています。僕らがつくっていくグリーンアクティブの運動が、ドイツやフランスなどヨーロッパの「緑の党」とタスマニアやニュージーランドの「緑の党」とどちらに近いかと言えば、後者のほうでしょう。先住民的な自然観、世界観に根ざした環境政党という意味ですから、どうも「緑の党」の名称はしっくりこないのです。

このように考えると国際運動の意味も変わってきます。ヨーロッパの「緑の党」には第一インターナショナルからのプロレタリア運動の国際的連帯の思想が背景にあります。それはシモーヌ・ヴェイユ[注5]の言葉を使えば、地域社会、自然環境から「根こぎ」（deracinement）された人々、労働力以外に何も持たない人間たちを再結合する運動ということになります。しかし、地域に根ざした意識から出発すると、地球上のどこかの場所に「根付き」をした人たちのインターナ

注4　「恒久的な permanent」と「農業 agriculture」を合わせた造語で、環境循環型の持続可能な社会を目指す思想。

注5　（一九〇九―一九四三年）フランスの哲学者。労働者の境遇を分かち合おうと工場や農場で働きながら思索を深める。一九三六年のスペイン内戦に際してのレジスタンス運動、第二次世界大戦のフランスレジスタンス運動に参加。著書に『重力と恩寵』など。

ショナルな連帯ということになります。地域から出発して、グローバルに拡大する資本主義の触手をあちこちで切断するモジュールを形成していく。これらのモジュールを貨幣経済的なコネクショニズムの表層的空間ではなくて、深層の空間で結んでいくことで、これまでとは別のインターナショナリズムが展開できるのではないかと考えています。しかし、あんまり前例がありませんし、前途は遠しと覚悟しています。

國分――ヨーロッパで言うと、フランス「緑の党」はいまや日本の昔の社会党みたいな感じもありますよね。もちろん、そういう党が国政に入っているということは非常にいいことだとは思いますが、中沢さんのおっしゃったように、それを日本にそのまま持ってくるのは難しいかもしれないと思います。

中沢――そうですね。とはいえ、フェリックス・ガタリのような人が晩年にフランス「緑の党」に入っていくことの意味は大きいと思います。その中で『三つのエコロジー』[注6]という優れた作品も書きました。彼が亡くなる前にあえてそういう実践に踏み込んでいったということに、僕は大きなインパクトを受けました。僕はヨーロッパの知識人の中でもフェリックスには個人的な深い共感を抱いていました。フェリックスは日本の神道とかアニミズムに深い関心を持っていて、僕とはそんな話ばかりしていたのですが、その彼が人生の最後のフェイズに、様々なデメリットも省みずにあのような実践的な運動に入っていったということが、3・11以後の僕の行動の中にも大きな影を落としていると思います。

原発信仰と「贈与性」の抹消

國分──僕は3・11以後、原発について考える中で中沢さんの『日本の大転換』に出会い、とても感銘を受けました。そこには、原発の問題について哲学者が考えるべきことがみごとに書かれていた。実は、僕は昔からエコロジーにはとても関心があって、原発について

注6　フェリックス・ガタリ『三つのエコロジー』杉村昌昭訳、平凡社ライブラリー、二〇〇八年。

いろいろ考えていたこともありました。でも、たぶん多くの人がそうだったように、徐々に関心を失ってしまった。いまはそのことをとても後悔しています。自分なりに責任を果たすためにも、いま原発の問題、核エネルギーの問題を徹底して考えなければならないと思っています。

原発のことを考える上では、まず経済的合理性の議論をおさえておく必要があると思います。大島堅一さんが二〇一一年に『原発のコスト』[注7]というすばらしい本を出版されました。それを読むと原発がどれだけ経済的合理性に反しているかが分かります。

原子力発電が安いと言われてきたのは、非現実的な前提でモデル計算してきたからだし、[注8]技術開発や立地対策の費用を含めた実測値だと原子力は火力や水力より高くついていた。[注9]しかもこれはバックエンドコスト（放射性廃棄物の処理費用）を含めていない計算であって、それを含めたり、[注10]さらには事故によって発生するであろう損害賠償費用のことまで考えたら、もうとても割に合わない。原発を維持するというのは端的に損なんです。ですから、経済的合理性の視点だ

注7　大島堅一『原発のコスト』岩波新書、二〇一一年。

注8　電気事業連合会は発電コストの計算にあたり、モデルプラントの運転年数を四〇年、設備利用率を八〇パーセントとしている。原発は老朽化すれば重大事故が起こるリスクも高まるため、三〇年を超えた時点で特別な規制を受ける。また原発の設備利用率は実績で見ると七〇パーセント程度である。したがってこの前提は、原子力の発電コストを小さく見せるために考案されたものであると思われる。またモデル計算でも条件によっては原子力は火力より高くつく（大島堅一『原発のコスト』岩波新書、二〇一一年、九二―九六頁）。（國分）

注9　実績値で発電コストを計算すると、一キロワットあたり、原子力は一〇・二五円、火力は九・九一

けでも、原発を利用すべきではないという結論は導かれます。

しかし、さらにもう一歩進む必要がある。というのも、経済的合理性の観点では、もし原発がコスト安になるなら利用してもいいじゃないかということになってしまいます。だから、経済的合理性の議論が極めて重要であることを認めた上で、もう一歩踏み込んで核エネルギーについて考えてみなければならない。「核エネルギーとはそもそも何なのか？」を明らかにする〈核エネルギーの存在論〉というか、そういう議論が必要だと思うんです。

僕は3・11の後に、原発について何度か講演をしたり、文章を書く機会がありましたが、そこではいつも二つ参照点があって、一つはハイデッガーの技術論、もう一つが中沢さんの『日本の大転換』でした。ハイデッガーについては後でお話ししたいと思いますが、なぜ中沢さんの本が参考になったかと言えば、この本はまさしく〈核エネルギーの存在論〉に取り組んでいたからなんです。

中沢さんは、核エネルギーの利用とは、人間が住むことのできる生態圏には存在し得ない太陽圏のエネルギーを無理矢理にそこに持

円、水力は七・一九円となる（『原発のコスト』九八―一一四頁）。なお念のために記しておけば、この原子力の発電コストはバックエンドコスト（放射性廃棄物の処理費用）を含めないで計算した数字である。（國分）

注10　政府の総合資源エネルギー調査会はバックエンド事業の費用として一八兆八〇〇〇億円という試算を出している。この数字でもすでに莫大である。だが、その計算にあたっては多くのコストがあからさまに除外されている。一例を挙げると、そこではなぜか六ヶ所再処理工場での再処理コストだけを計算している。六ヶ所再処理工場で処理するのは原発から出るとされている使用済み核燃料の半分の量にすぎない（大島堅一『原発のコスト』一一四―一二八頁）。（國分）

ち込むことだと述べています。[注11] 人間は宇宙空間では生きられない。でも、地球に住んでいると言ったって、人間が生きることのできる生態圏というのは地表だけ、しかもそのほんのわずかな部分だけです。つまり人間が生きることのできる生態圏が成立するためにはものすごいたくさんの条件がある。そして核エネルギーはその条件の外側にある。それ故に、核エネルギーは生態圏の内部では決して処理できないリスクをもたらすというわけです。これは〈核エネルギーの存在論〉として決定的だと思います。

しかし、僕があの本から学んだのはそれだけではありません。僕は原発事故以降、なんで原発推進派の人たちがあんなに核エネルギーに惹かれるのか不思議でした。日本の原子力政策はとっくに破綻していて、核燃料サイクル事業なんかうまくいくわけがないことはもう明白です。何万年も管理しなければならない核廃棄物をどうするのかも誰も分からない。なのになぜこれほどまでに核エネルギーにこだわるのか。僕としては一生懸命に彼らの気持ちを理解しようとしたんです（笑）。でも合理的な理由が全然見つからない。要す

注11　「原子炉内で起こる核分裂連鎖反応は、生態圏の外部である太陽圏に属する現象である。そして、この「炉」を燃やして発電をおこなう原子力発電は、生物の生きる生態圏の内部に、太陽圏に属する核反応の過程を「無媒介」のままに持ち込んで、エネルギーを取り出そうとする機構として、石炭や石油を使ったほかのエネルギー利用とは、本質的に異なっている」（中沢新一『日本の大転換』集英社新書、二〇一一年、二二頁）。（國分）

注12　柄谷行人は、古川和男『原発安全革命』（文春新書、二〇一一年）を引きながら、トリウムを利用した原子力発電はウランより安全かつクリーンで小型、配電ロスも少ないにもかかわらず採用されていない、なぜならそこからはプルトニウムが取り出せない、つまり核兵器がつくれ

るにあれは、核エネルギー信仰のような様相を呈しています。

例えば日本の原子力政策の裏には核兵器の保有という隠された理由があるのだと言う人もいて、柄谷行人さんなんかもそうおっしゃっています。[注12] これは政府の原発へのこだわりを合理的に理解しようとする一解釈だと思います。実際、日本政府が核兵器製造能力の保持を目指していたことは、近年公開された外務省の内部文書からも分かっています。[注13] たしかにかつてはそういう意識もあったでしょう。でも、いまや核兵器保有の意志が原発政策を支えているとはとても思えない。

一番分かりやすい合理的解釈はエネルギーの安全保障というものです。つまり、日本は資源がないから核エネルギーで、というわけですね。でも、ウランだって輸入しているわけです。それにウランは石油よりも稀少な資源です。そんなものの輸入に「わが国」のエネルギー安全保障を任せるというのも解せない。

僕は核エネルギーを利用した発電に反対ですけれど、反対とかそういうこと以前に、なぜ人々はこれほどまでに核エネルギーに惹か

ないからだ、と述べている（「反原発デモが日本を変える」〈柄谷行人公式ウェブサイト〉http://www.kojinkaratani.com/jp/essay/post-64.html）。この指摘が極めて重要であることは強調しておきたい。（國分）

注13　外務省が一九六九年に作成した「内部文書」『わが国の外交政策大綱』には、「核兵器については、NPTに参加すると否とにかかわらず、当面核兵器は保有しない政策をとるが、核兵器製造の経済的・技術的ポテンシャルは常に保持するとともにこれに対する掣肘をうけないよう配慮する」とある。http://kakujoho.net/ndata/us_jp.html

なお外務省は二〇一〇年、この件について調査をおこなっている。http://www.mofa.go.jp/mofaj/gaiko/kaku_hokoku/index.html（國分）

れるのかがよく分からなかった。僕自身、合理的に説明できなかった。その疑問を抱きながら『日本の大転換』を何度も読み直していたんですけど、だんだん謎が解けてきました。ヒントになったのは、中沢さんが論じている「贈与」という問題なんです。

中沢さんはこの本の中で、原子力技術の構造と資本主義の構造を併行的に論じています。原子力技術と資本主義はそれぞれ、自然環境と社会環境の内部に「外部性」を埋め込み、自己完結的システムをつくり出そうとする点で同じ構造を持っている、と。そうした自己完結的システムが目指されるときに、おそらくは故意に無視され、考察の対象から完全にはずされているのが、贈与という次元です。

どういうことかと言うと、例えばエネルギーについて言えば、まず太陽からのエネルギーの贈与があり、それが媒介されて石油や石炭になる。私たちはそうした媒介されたエネルギーを利用することで生きています。それに対し原子力技術は、そうした太陽の力そのものを生態圏に取り込み、我がものにしようとする。これは、太陽からの贈与なしで生きていくこと、「贈与性」の次元を取り除いてしまうことを意味します。つまり、核エネルギーが実現すると期待されていたのは、贈与を受けない生なんです。贈与なしで、自立して生きたいという夢、人間が完全にスタンドアローンでやっていくという願望、それこそが核エネルギーを欲望する信仰の根幹にある。

実際、核エネルギーが注目されはじめた一九五〇年代には、各ビルの地下に原子炉とか、各家庭に原子炉とかいったことが妄想されていました。[注14] 小さな箱（原子炉）が一つあれば、それだけで何もなくてもすべてのエネルギーがまかなえる。人間が贈与を受けなくても生きていける。この夢が人々の心をつかんで離さないのではないでしょうか。財界がいまでもこれほど原子力にこだわるのも、そう考えると理解できるんです。

僕は中沢さんが核エネルギーを説明するにあたって「一神教」の話を出されたことに少々違和感があったんですが、その理由もなんとなく分かったような気がしました。考えてみると、たしかに核エ

注14　当時の核エネルギーに対する期待を理解するには当時書かれたものを読むのがよい。そのための第一級資料が土本典昭監督の映画『原発切抜帖』（一九八二年）である。これは、原子力関連の新聞記事の切り抜きだけを使ったユニークなドキュメンタリー作品だが、実験映画に見られるような退屈さはまったくない。歓迎すべきことに二〇一一年DVD化された（株式会社シグロ発売）。（國分）

ネルギー「信仰」と言うべきものがあり、それは「贈与」の水準を何とか抹消したいという欲望に突き動かされている。そうした構造を中沢さんは「一神教」と言ったのではないかと思ったんです。

中沢――この本の中でうっかり「一神教」などと書いたために、いろんな方から批判を浴びました。すぐに敏感に反応したのはカトリックの人たちで、「キリスト教ぐらいエコロジー運動を続けている宗教はないので、一神教が原発と結びつくなどと言われても困る」と言われました。しかし、ここで僕が言っている「一神教」とは、キリスト教やユダヤ教、イスラム教などの具体的な宗教のことを指しているわけではありません。それはあくまで人間の心＝脳の潜在構造の問題で、心の構造としての「一神教」ということを言ったのです。現実のカトリックの人たちがどんなに優しい自然感覚を持っているか、イスラム教のスーフィーの人たちの神の感覚がいかに深く自然感覚に根ざしているかを、僕はよく知っています。

僕は経済システムや科学技術、そして宗教も、人類の心＝脳の普遍的な構造に根ざしていると考えています。その構造を経済のほうに展開していくとこういうシステムが生まれる。宗教のほうに展開していくとこういうシステムができる、という風に考えているので、「宗教」「芸術」「経済」などが、独立したものだとは思っていません。もとにあるのは人間の心＝脳の普遍構造だけで、それはいくつかのパラメーターを介して現実化に向かいます。このパラメーターを変えていけば、個別宗教の形態はどんどん変わっていきます。ただし、そのパターンは大きく二つに類別することができて、それが「一神教」と「多神教」という風になる。しかし、もとにある心＝脳の普遍構造は同じものなのだ、ということがこの本の一つの前提になっています。だから、この本の中ではいろんなジャンルが相互に結び合うようになっている。

僕はこの本の中で、「市場」で成立する交換形態は「贈与」の部分を切り捨てることで成り立っていると語っています。例えば、近代の産業資本主義は石炭をエネルギーとして利用することからはじまりましたが、石炭には数億年前に地上にふりそそいだ太陽エネルギーが化石化されて取り込まれています。しかし、資本主義システムの中で人々は、これを太陽からの「贈与」の凝固体と考えずに、単に開発すべき資源であり、商品であり、生産において消費すべき資本の一部として扱いました。

原発はこの太陽エネルギーを化石という「媒介」を経ずに、直接資本制システムの内部でつくり出そうとするという意味で、「贈与」の次元を完全に切断しようとするものです。人間は火の使用からはじまって、百数十万年の間に人間の活動を補助するエネルギー形態を段階的に変型してきました。文明学者のアンドレ・ヴァラニャック[注15]が分類する「第七次エネルギー革命[注16]」（原子力とコンピューターの開発）は、「贈与性」を完全に消去しようとするという点で、いままでのエネルギー革命とはまったく違う構造を持っています。

これは『日本の大転換』では詳しく書かなかったことですが、原子力技術がつくられた一九二〇—三〇年代の芸術を見てみると、抽象芸術がものすごく発達してきています。同時期に発達した抽象芸術と核技術の間には共通性があります。パラメーターが違うだけで

注15　（一八九四—一九八三年）フランスの文明学者。ルーブル美術館や国立古代博物館、社会科学高等研究員などに勤務。主著に『エネルギーの征服』がある。

注16　アンドレ・ヴァラニャックの『エネルギーの征服』で提出された概念で、人類の使用するエネルギー形態の変遷を七次に腑分けするもの。第一次（火の獲得と利用）、第二次（農業と牧畜の発達）、第三次（金属の精製と火の工業的利用）、第四次（火薬の発明）、第五次（石炭の利用と蒸気機関）、第六次（電気と石油）に次ぐ七番目の革命に位置づけられる。

同じ構造の潜在しているのを見ることができます。モダニズムの抽象芸術もまた、芸術から「贈与」の次元を抹消したいという欲望に憑かれているように感じられるのです。

おそらく、人間の心＝脳の仕組みの中にはある断層線があって、そこを超えると「贈与」の次元を切り離していってしまうのでしょう。それが資本主義の展開以降に急速に進むようになりました。例えば、エネルギーの次元では、外部の太陽エネルギーを直接に内部に取り込むということが起こりました。芸術も同じように外部からの「贈与」性を切断して、自律への欲望に突き動かされるようになりました。芸術だけで全世界を表現する、芸術だけで自律したいという欲望に動かされています。そういうものが近代になると急速に発達してくるのです。

3・11以後の世界の中で私たちがはっきり見届けるようになったのは、この「贈与」の切り離しが人類にとって危険な道への踏み込みであるという感覚です。すでに世界は全体としてそちらの方向に進んでしまっていますが、事故以降に、多くの日本人がこれまでとは違う道を模索しなければならないと感じたことに注目したいのです。その「違う道」に根拠を与えなければと思って『日本の大転換』を書いたときに、僕はそういう直観に依拠して、経済・社会システムを別の方向に導いていくことの必然性と、その大雑把な見取り図のようなものを示しておきたいと思いました。

「市場《イチバ》」から「市場《マーケット》」へ

國分——中沢さんは『日本の大転換』以前からずっと「贈与」の問題を考えていらっしゃいます。僕は今回の対談のために「カイエ・ソバージュ」の『愛と経済のロゴス』[注17]を読み直したのですが、中沢さんはあの本の中で志賀直哉の「小僧の神様」について触れられています。

志賀直哉の「小僧の神様」は、「いつかお寿司を食べてみたい」と切望する丁稚奉公の小僧をかわいそうに思った貴族院議員が、偶然を装って小僧にお寿司をおごってやるという話です。結局、小僧

注17　中沢新一『愛と経済のロゴス』講談社選書メチエ、二〇〇三年。

はこの偶然を神様の仕業と思い込み、貴族院議員は何とも言えないバツの悪い思いをする。

これは、純粋な「贈与」というものがどれほど難しいかを見事に描いた話ですね。贈与は必ず債権感覚や債務感覚を生み出してしまう。人間が「贈与」というものを切断しようとする理由もそこにあるのではないでしょうか。つまり、人間は「贈与」によって負わされる負債感からどうしても逃れたい。

中沢──やはり「贈与」を人間がおこなうのは難しいんですね。志賀直哉は人間のちょっとしたささいな感情でも見逃さない意地の悪さを持った人ですが（笑）、「小僧の神様」はそのあたりの心理を非常に正確に描いています。「贈与」というものは人と人を非常に深いレベルで結びつけるものであるだけに、それを何とか断ち切りたいという願望も生じます。

人間は、「贈与」の次元とその切断の次元を、縦糸と横糸のように組み合わせながら生きる生物です。いま多くの人々は、「贈与」

という横糸を切り離してしまって、交換の縦糸だけでこの世界を構成しようとしています。しかし、これでは織物にはなりません。経済の次元でも、政治の次元でもそういう方向にどんどん突き進んでしまっていますが、一方ではインターネットなどを通じてまた横糸を繁茂させて、これを補完しようとする動きも生じています。この二つの次元は人間の中に常に抱え込まれていて、お互いの間で絶えず闘いが起こっているのです。

資本主義のシステムは、「贈与性」をそぎ落とした「交換人間」を前提としています。人間の贈与的な部分をすべてそぎ落としてしまえば、たしかに合理的な個人となるでしょうが、それでは人間という生物は成り立たないのです。

國分――資本主義における贈与について、一つ中沢さんにお伺いしたいと思っていたことがあります。資本主義経済を考えたとき、人から人への「贈与」はもちろんなのですが、その他に、「国家」から「市場」への「贈与」という次元もあるのではないかということです。

例えば、二〇〇八年の金融危機の際にも、国家が市場に莫大な資本注入をしました。国家による規制をあれほど嫌っていた金融機関が実質的に国有化された。これが意味しているのは、資本制市場というものは、中沢さんの言う「交換 katallattein」[注18]のうちの「第一種の交換」（商品交換）だけでやっているようなふりをしていたし、近代経済学もそう言っていたけれど、実は重要なところでは常に「第二種の交換」（贈与的交換）がおこなわれていたということではないかと思うのですが、いかがでしょうか。

中沢――自由主義の経済学者たちは、「エコノミー」と「カタラクシー」を対立させて考えようとしました。「国民経済」はエコノミーという言葉で表現されますが、これは国家が「オイコス＝家」の拡張であり、そこでの「ノモス」が「国民経済」ということの本質だと考えられたからですね。これに対して市場のほうは「カタラクシー」という言葉が結びつく。純粋にゲーム的な交換のおこなわれる

注18　経済を表す「エコノミー」という言葉は、もともとギリシア語で「家」を表す「オイコス」から来ているという点で、「家政学」的なニュアンスがある。これに対して、ミーゼズやハイエクらの経済学者はギリシア語で「交換すること」「コミュニティーに入ること」「敵から味方に変わること」を意味する「katallattein」という言葉に注目した。

空間という意味です。現実の世界では「社会」でもあるところの「オイコス」の運営が問題となりますので、ここでは純粋な競争原理やゲーム性だけでは機能不全に陥って、脱交換的な「贈与」ということが社会による補償のような形でおこなわれる。ところが市場メカニズムはそれを否定して、純粋な競争原理によるゲーム的な世界を「世界そのもの」としようとする。ですから「エコノミー」の世界には実際には贈与の次元が働いていて、「カタラクシー」がそれを否定するという矛盾が、現実の世界をつくっていると言えるんです。

かつて網野善彦[注19]さんが「無縁」という概念を提出しましたが、「市場《イチバ》」というものは「無縁」の空間です。しかし、「無縁」の原理というのは常に「有縁」の原理と拮抗しつつ結ばれているのです。「有縁」というものがあるからこそ「無縁」の原理が働きます。例えば、「市場《イチバ》」では社会と結びついている事物をいったん断ち切って、それを自由な空間で交換していますが、そこで働く「無縁」の原理はいつも「有縁」の原理を自己変型する形で現れてきます。

注19 (一九二八—二〇〇四年)日本の歴史学者。日本中世史の研究で「網野史学」と呼ばれるユニークな研究を残し、歴史学の分野に大きなインパクトを与えた。主著に『無縁・公界・楽』など。

しかし、これを完全に「有縁」の世界から断ち切ってしまうと、自動的に動いていく自己増殖型の「無縁空間」が生まれます。これは「有縁」と「無縁」の緊張関係によっている「市場《イチバ》」ではなく「市場《マーケット》」です。マルクスの言い方を使うと「W―G―W（商品―貨幣―商品）」という交換がおこなわれる「市場」が、いつのまにか「G―W―G（貨幣―商品―貨幣）」という関係につくり変えられてしまう。そのうちに、この「貨幣」と「貨幣」の間にある「商品」さえいらなくなって「G―G（貨幣―貨幣）」という金融資本的関係につくり変えられていきます。マルクスは『経済学批判』[注20]や『資本論』[注21]でこのことを詳細に分析しています。

これがアダム・スミスの言う「フリーマーケット」[注22]と現在のグローバル資本主義的「マーケット」の大きな違いです。古典的な「市《イチ》場《バ》」や「フリーマーケット」では、商人と商人がお互いに対面し合って商品の受け渡しをおこないます。そこでは「有縁」と「無縁」の異質な原理が働きながら、その原理の踏み越えや立ち戻りがおこなわれます。しかし、「G―W―G（貨幣―商品―貨幣）」という金融資

注20　カール・マルクス『経済学批判』武田隆夫ほか訳、岩波文庫、一九五六年。

注21　カール・マルクス『資本論』全九巻、エンゲルス編、向坂逸郎訳、岩波文庫、一九六九―七〇年。

注22　アダム・スミスは『国富論』の中で「自由市場（フリーマーケット）」では「神の見えざる手」が働き、最適な資源配分が自己調整的に達成されるとした。

本的関係につくり変えられた「市場《マーケット》」ではこの「フリーマーケット」の構造は実際には壊されてしまっています。

このように考えてみると、国家と市場経済の関係が浮かび上がってきます。新自由主義のおこなっていることは何かと言うと、「G―G（貨幣―貨幣）」で動いていく擬制的な「マーケット」と、私たちの知っている実体性のある「フリーマーケット」の原理とのすり替えです。彼らは市場原理、市場原理と言っていますが、それは本来の意味での「市場」（イチバ／フリーマーケット）ではありません。これは論理のすり替えによる知的詐欺のようなものです。自由主義経済はそういう風にして展開してきましたが、そこでは社会との矛盾的なつながりを断ち切った世界がつくられようとしています。

この事態をどうやって解決していくかということに対して、ケインズは市場に国家という社会体が介入をおこない、国家がある種の「贈与」をおこなうことによって資本主義のメカニズムをよみがえらそうとしました。このケインズ的な「贈与」の形態は戦後のアメリカのマーシャルプランにもつながっています。ある意味では、二〇世紀の経済は国家のおこなう「贈与」が市場に介入することによって、「市場《マーケット》」を健全な形の「市場」（イチバ／フリーマーケット）に引き戻そうとする働きを持っていたようにも感じます。ところが、二〇世紀の終わりから新自由主義が台頭してくると、ふたたび市場の自己組織化メカニズムにすべてをゆだねる構造改革を通して、ケインズ的なものを押し戻そうとする傾向が強くなってきました。

國分―新自由主義の起源として、ミシェル・フーコーは「オルド自由主義[注23]」という戦後の西ドイツに現れた思想を挙げていますが、その特徴は国家に対する嫌悪だと言います[注24]。オルド自由主義には国家に対する嫌悪が強くあって（そこにはナチスの経験が影を落としています）、それが新自由主義につながっていく、と。

いまの中沢さんのお話を伺っていると、二〇世紀初頭に人間の中に芽生えてしまった、「贈与の次元を切りたい」という衝動は様々な分野に発見できそうです。その一つは間違いなく新自由主義でしょうが、近代経済学もこれまで贈与の次元をみごとに覆い隠す装置

注23　「オルド自由主義」とは、一九四八年に西ドイツで創刊された経済雑誌『オルド』を中心に形成された経済学派の思想。ケインズ主義、ナチズム、社会主義の三つを主な標的とした。主たるメンバーとしては、ヴァルター・オイケン、フランツ・ベーム、アルフレート・ミュラー＝アルマック、ヴィルヘルム・レプケ、そして、かの有名なフリードリッヒ・フォン・ハイエクがいる。（國分）

注24　ミシェル・フーコー『生政治の誕生――コレージュ・ド・フランス講義１９７８-１９７９年度』慎改康之訳、筑摩書房、二〇〇八年、一三八頁。この大部な講義録をすべて熟読するのは難しい。さしあたり、一九七九年二月七日の講義（一二五―一六〇頁）を丹念に読むことをお勧めする。これは新自由主義を理解するための必読文献である。（國分）

として機能してきました。

ここでちょっと注意しておきたいのは、「贈与」というのは単なる分析の道具だということですね。「「贈与」というものは何かいいものなんだ」と思われてしまうかもしれないんですが、そういうことではありません。自然環境や社会環境を分析する際に「贈与」の次元を決して外すことはできないし、またその次元を外した人間の活動もあり得ない。そういうことを言うための分析道具が中沢さんの言う「贈与」なんだと思います。

中沢――おっしゃるとおり「贈与」というのは実体というよりも概念です。さらに、新自由主義の国家に対する憎悪は、社会に対する憎悪にもつながってくると思います。「市場《イチバ》」と「市場《マーケット》」が緊張関係を持ちながらも一つのインターフェイスでつながっている限りは、本来は憎悪などは発生しないはずですが、これが分離しはじめたときに、市場は社会体の構成原理に対して憎悪を抱くことになります。

もともと社会体と市場とは異なった制御原理でできています。例えば、セクシャリティーのレギュレーションを考えてみても、社会体には「結婚制度」がありますが、「市場《イチバ》」で古来おこなわれていたのは「自由恋愛」でした。そして、二つの間には密接な緊張関係がありました。

例えば、デモをすると出生率が上がるらしい（笑）。デモは社会への抗議ですからお祭りみたいなものですね。「停電」「お祭り」「デモ」と言ったらもう出生率が上がるほかない。重要なのは、そういった場所では社会体とは別の原理が働いているということです。しかし、これらが相互に分離してしまったときに、社会体の制度性に対する憎悪が発生してきます。国家に対する憎悪も、そこから生まれてくるのですが。

ハイデッガーの技術論と量子力学

國分――先ほど、原発のことを考える際に僕は『日本の大転換』と並んでハイデッガーの技術論を参照していたと言いました。僕の考えでは、核エネルギーのことを技術の本質的な問題として考えていた哲学者はハイデッガーだけです。一応、ハンナ・アレントなども『人間の条件』[注25]で原子力発電について少しだけ書いていて、中沢さんと似たような定義をしていたりもするのですが[注26]、どこか大雑把な印象を受けます。アレントは結局「世界疎外」とか大きな枠に持っていってしまって、技術の本質的な問題としては考えていない気がするんです。また、アレントの最初のパートナーだったギュンター・アンダース[注27]なども原発について多少触れていますが、これらはみなハイデッガーの近くにいた人ばかりです。

少し補助線を引くと、僕は原子力の歴史を考える上で、「一九五〇年代の思想」というものを考える必要があるのではないかと思っているんです。つまり、五〇年代に哲学者は何をしていたのかを考える必要があるのではないか。

一九四五年に広島・長崎に原子力爆弾が投下され、世界に大きな衝撃を与えました。しかし、それからたった八年後の一九五三年に

注25　ハンナ・アレント『人間の条件』志水速雄訳、ちくま学芸文庫、一九九四年。

注26　「今日、人間は、物理学の分野でいろいろなことをしている。例えば、普通、太陽にだけ見られるエネルギー過程を解放し、宇宙進化の過程を試験管の中で始め（…）。しかし、私たちが物理学でなにをしようと、要するに、私たちは常に地球の外部にある宇宙の一点から自然を操作しているのである」（ハンナ・アレント『人間の条件』志水速雄訳、ちくま学芸文庫、一九九四年、四二一頁）。（國分）

注27　ギュンター・アンダースは日本ではあまり知られていないが、フッサールのもとで学んだ哲学者である。後にアメリカに亡命し、工場労働などを経験する。国際的な反核運動の指導者となった。邦訳として

は、アイゼンハワーが国連で「原子力の平和利用 Atoms for Peace」という有名な演説をおこないます。アイゼンハワーは「核戦争の危機が迫っているからこの技術を軍事のためではなくて平和のために使っていこう」と述べた。しかし、もちろんそんなことは口先だけの話であって、これは核軍備競争だけではソ連に対して優位に立てない[注28]という政策的判断からなされたものです。その背後には、核技術を提供することで西側の結束を固める、また第三世界を西側の味方につけるという目的がありました。それにアメリカが核の軍事利用から「平和利用」へと舵を切ったということでは毛頭なく、水爆実験は続けていたし、第五福竜丸事件は一九五四年三月です。

しかし「核の平和利用」というスローガンはかなり人々の心をつかんだように思われます。いまも昔もアメリカはこういうのがとてもうまい。実際、日本では「唯一の被爆国である日本こそが先頭に立って核の平和利用を実現していかなければならない」という類のことまで言われた。「平和利用」という言葉によって、核エネルギ

『時代おくれの人間』（上・下巻、青木隆嘉訳、法政大学出版局、一九九四年）がある。（國分）

注28　一九四九年一〇月、アメリカ政府はソ連が原子爆弾を保有するに至ったと発表する。それを受けてトルーマン大統領は、一九五〇年一月、水素爆弾の開発を司令。一九五二年一一月に開発に成功するが、ソ連はこれにすぐに追いつき、翌年の一九五三年に水爆を完成させている。こうした過程の中でアメリカ政府内では、核技術の国外持ちだしを禁じた一九四六年の原子力法を改正し、それらを積極的に西側の諸国に供与することが検討されていた。「Atoms for Peace」の演説の背景にはこうした事情がある。日本政府にも一九五四年、「原子力発電の経済性」という文書がアメリカ国務省から送られている。日本政府が初の原子力予算を計上するのも一九五四

ー技術そのものの問題が覆い隠されてしまったわけです。

軍事利用であろうと「平和利用」であろうと、そもそも原子力技術とは何なのか？　こういうことを考えるのは哲学者の役割であるはずです。では核エネルギーの「平和利用」がまさに実用化されようとしていた一九五〇年代、哲学者たちはそれについて何を考えていたのか、考えていなかったのか。そのことがもっと詳しく検証されるべきではないか。歴史に「もし」はあり得ませんけど、あの時期にそうした議論が徹底してなされていたら、何かが変わっていたかもしれないと少し思うのです。いずれにせよ、「一九六〇年代の思想」というのはやたらと論じられますが、「一九五〇年代の思想」というのはほとんど聞いたことがありません。これ自体がもう何事かを意味している気すらします。

もちろん核兵器のインパクトがあまりに強かったため、原子力発電の問題にまで目が届かなかったという面はあるかもしれません。実際、反核（兵器）運動はずっとあったわけですから。先ほどのアンダースにせよ、あるいはバートランド・ラッセルにせよ、哲学者

年のことである。当時の原子力をめぐる日米の動きについては、有馬哲夫『原発・正力・ＣＩＡ』（新潮新書、二〇〇八年）に詳しい。（國分）

たちも核兵器については盛んに発言していたのです。こうして考えていくと、「平和利用」だろうが何だろうが、核エネルギーを使うこと自体に問題があるのだとはっきり語ったハイデッガーの洞察が際立ってくる。ハイデッガーは戦後、様々な機会で核エネルギーを論じています。そもそも彼は現代を「原子力時代」と呼んでいました。

一九六三年に『読売新聞』（九月二二日付）に掲載されたハイデッガーの「原子力時代と「人間性喪失」」という文章に、非常に印象的な言葉があります。

「たとえ原子エネルギーを管理することに成功したとしても、そのことが直ちに、人間が技術の主人になったということになるでしょうか。断じてそうではありません。その管理の不可欠なことがとりもなおさず、〈立たせる力（Macht des Stellens）〉［世界を技術化し、自然を計量可能な場に「立たせる」力］を証明しているのであり、この力の承認を表明しているとともに、この力を制御し得ない人間の行為の無能

をひそかに暴露しているのです」[注29]

この文章は、いま僕らが直面している事態、そして、原子力発電の本質をまさしく言い当てていると思います。核燃料は冷やし続けねばなりません。「管理」し続けねばならない。この事実そのものが「この力を制御し得ない人間の行為の無能をひそかに暴露している」のです。なのに、人間はまるで原子力を飼い慣らしたかのように思い込んでいた。実際、今回の福島第一原発の事故も、水で核燃料を冷やせなくなったために起こったものです。そして、いまもいつ同じ事態が起こるか分かりません。また、メルトダウンした燃料が、どういう状態で、どこにあるのかも分からないし、そもそもそういう状態になった燃料を取り出す技術もない。技術開発からはじめなければならない。何が「技術の主人」だろうか。ハイデッガーの言うとおりです。

とにかく、他の哲学者たちがまったく何も言わなかった時期に彼だけが核エネルギーについて深く思考していたということは非常に

注29　マルティン・ハイデッガー「原子力時代と「人間性喪失」」『KAWADE道の手帖 ハイデッガー』河出書房新社、二〇〇九年、一六五頁（傍点は引用者）。（國分）

重要なことだと思います。

中沢――ハイデッガーの原子力批判の大きなポイントは、現代の科学を突き動かしている「計算性」というものでしょう。『技術への問い』[注30]や『野の道』[注31]などを読むと、ハイデッガーは現代の科学技術は「存在」をエネルギーのような「計算性」の中に取り出してしまうと言って批判しています。そして、「存在」が科学技術によって「計算性」の中に組み替えられるというのは、まさに先ほどお話しした市場の中で起こっていること――事物が交換価値という尺度によって数値化されるということ――と同様の効果を持っています。ハイデッガーの中では自然科学がエネルギー概念を形成する過程で、市場と同じことをしてしまっているという理解があったのだと思います。

そうして見ると、彼の全思想は存在の「贈与性」を切り捨てていく人間社会のネガティヴな効果について語っているものだという気がします。ハイデッガーはドイツ語の「〜がある」（エス・ギプト／Es

注30　マルティン・ハイデッガー『技術への問い』関口浩訳、平凡社、二〇〇九年。
注31　マルティン・ハイデッガー『野の道での会話』ハイデッガー全集第77巻、麻生建ほか訳、創文社、二〇〇一年。

gibt）という言葉から存在の「贈与《ギフト》」性を導き出していますが、彼にとっての「存在」とはイコール「贈与性」でした。だから、ハイデッガーが科学技術によって「存在」が「計算性」の中に切り詰められるというのは、「存在」からその「贈与性」が隠蔽されるという意味にもなります。

クロイツァー記念講演[注32]の中で「自然科学の方法だとこの問題は超えられない」という主旨のことをハイデッガーは言っていますが、ハイデッガーの中で「計算性」が大きな問題となっているのは、実は核エネルギーの発見過程で重要な働きをした量子力学と関係しています。原子核エネルギーの開発には別に量子力学を使わなくても、流体力学と熱力学とアインシュタインの$E=mc^2$の関係で十分だという言い方もされますが、たしかにそれを準備したのは量子力学です。いまではほとんど強調されなくなっていますが、量子力学というものが物議を醸したのは、もともとは「非計算性」が理論の中に組み込まれているという点にありました。「不確定性原理[注33]」や「非可換性[注34]」などの概念がそれで、ハイゼンベルグが量子力学をつ

注32　ハイデッガーのクロイツァー記念講演は『放下』（ハイデッガー選集第15巻、辻村公一訳、理想社、一九七二年）に収められている。

注33　ハイゼンベルグの不確定性原理とは、電子を観察する際に用いるガンマ線などの電磁波の影響によって、電子の位置が微妙にズレてしまうために、正確な観察が困難になるということ、つまり「観察する」という行為が及ぼす「観察対象」への影響から生じるパラドクスのことを指す。

注34　数学における積の計算では一般的には$X \times Y = Y \times X$という可換性が成り立つ。しかし、特定の代数的構造ではこれが成り立たなくなることがあり、これを非可換性という。

くるときの決定的なアイディアとなったのは、交換関係が成り立たない「非可換性」の発見でした。

量子力学は物質の世界の中で「非計算性」が根源的にあることを示しています。そのプロセスを時間として取り出すとものすごく短いのですが、それが間断なく繰り返される過程として物質の世界を描き出そうとしました。ハイデッガーはハイゼンベルグの本をよく読んでおり、不確定性原理や波動力学[注35]の理論などが彼の存在論のイメージに影を落としていることはたしかだと思います。しかし、ハイデッガーは自分の哲学と量子力学との関係性、量子力学にある「非計算性」の取り込みという問題をクローズアップすることはありませんでした。もしハイデッガーがこの問題を取り出して、「これからの自然科学はこちらの方向にいくのだ」ということを強調していたら、エネルゴロジー（エネルギーの存在論）を大きく先に推し進めることができただろうと考えることもありますが、それができなかったところが、ハイデッガーの一つの限界だったのかもしれません。

注35　物理学者のド・ブロイが提唱した「電子の波動説」――電子は粒子であると共に、ある種の物質波を伴う――を基礎として、エルヴィン・シュレディンガーがつくり上げた波動方程式を用いる非相対論的量子力学の一分野。

國分――僕もハイデッガーの技術論を読んでいてすごく感心するのですが、同時に引っかかるところがたくさんあります。新しい方向性が見えそうで見えない、結局、最後は「農夫の思考」とでも言うのでしょうか、そういうところに着地してしまう。

ハイデッガーは「技術」と「現代技術」を区別しています。そして、「現代技術」は自然を「挑発」するのだと言って、これを批判する。しかし、その直後に彼は、「農夫は自然を挑発したか？　風車は自然を挑発したか？　いや、していない」と言うんですね。それはどうなのかと思うんです。風車に戻れって言われても（笑）。実際、彼の技術論では石炭とウランが並んで出てくるんですね。[注36]

中沢――僕はそれを何とか腑分けしたいのです。僕も國分さんと同じで、ハイデッガーの技術論を大変すばらしいと思いつつ、「どうしてここでそっちに曲がってしまうのだろう？」という限界性も感じていました。それを乗り越えていくためにどうしたらいいかということを、もう二〇年くらいずっと抱えていたのですが、福島の事故

注36　ハイデッガーによれば技術の本質には、自然の中に秘められたものを〈こちらへと－前へと－もたらすこと〉という作用がある。しかし現代技術はそこに留まらず、自然を挑発する。ハイデッガーは次のように述べている。「だが、このことは昔日の風車にも言えないだろうか？　いやそうは言えない。確かに風車の羽根は風で回り、風の吹くのに直接身をゆだねている。しかし、風車は貯蔵するために気流のエネルギーを開発したりしない」。また農夫について。「かつてこれ（大地）を農夫が耕作したとき、耕作とはなお、育てること、手入れすることを意味した。農夫の行為は耕地の土壌を挑発しない。（…）農耕はいまや機械化された食品工業である。大気は窒素の放出のために調達され、大地は鉱石のために、鉱石は例えばウランのために、ウランは破壊あるいは平和利用のために放出されうる原子エネ

が起こったときに、それを乗り越える道が見えてきた気がしました。ハイデッガーの技術論、原子力エネルギー論には先があるという確信が湧いてきたのです。そこでもう一度ハイゼンベルグの頃の初期の量子力学を勉強し直してみると、ハイデッガーの目指していた「非計算性」を組み込んだ思考というものが、そこですでに予見されていたことが見えてきました。その先にこそ「農夫性」の中にUターンするのではなく、むしろIターンしていく新しい思考のあり方が可能なのだと思います。

哲学と考古学の出会い

國分——僕はハイデッガーの「技術《テクネー》」に対する評価そのものには少し分からないところもあるんです。ハイデッガーはいわゆる「ヒューマニズム」とは無縁で、はっきりとヒューマニズムに反対しています。ではいわゆる「自然回帰」なのかと言うとそういう感じもしない。テクノ・フォビア（**技術嫌い**）なのかと思えば、そうでもない

ルギーのために調達されるのである」（ハイデッガー『技術への問い』関口浩訳、平凡社、二〇〇九年、二三—二四頁）。（國分）

気もする。テクノ・フォビアな気持ちもありつつ、「技術《テクネー》」を認めないわけにはいかないというところでしょうか。この点、ハイデッガーの「技術《テクネー》」と「自然《フュシス》」への態度には非常にアンヴィバレントなものを感じます。

中沢——古代ギリシア人自身がそんな風なアンヴィバレントを生きていたのではないでしょうか。古代ギリシアの都市などを見ていると、木をあらかた伐採してしまって、ペロポネソス半島はすでに荒れ地になってしまっていた。そういう場所で古代人は「自然《フュシス》」の問題を考え直そうとしています。実は、プラトン以前の哲学は緑豊かなクレタ島やマルタ島でおこなわれていました。プラトンよりも数百年も前の話ですから、ポリスがまだ発達していない頃です。ハイデッガーの中には古代ギリシアのポリスの前、ギリシア哲学以前のものへの予感があります。

しかし、いまの考古学はそのことを明らかにしつつあります。古典ギリシア以前のギリシアはクレタ島などを中心にミノア文明[注37]を展

注37　ギリシア最古の文明・エーゲ文明のうち、クレタ島で栄えた青銅器文明。ギリシア神話のミノス王からとってミノア文明と呼ばれる。

開させた緑豊かな世界でした。その文明では面白いことに、インド文明や、スンダランド[注38]のようなアジア文明のもとになった諸文明とひとつながりになっていたようです。プラトンのした仕事の中に『ティマイオス』[注39]というエジプトの神官から聞いた話をもとにした本があります。エジプトの神官の知っていた知識はギリシア文明以前の人類世界――原ヨーロッパ、原ギリシア、原アジアが一つの時代だったとき――に蓄積されたデータベースを基礎にしています。『ティマイオス』の中に「コーラ（chora）[注40]」などの変な概念がたくさん出てくるのはおそらくそのためでしょう。プラトンはそのとき先史時代に触れていました。

最近、考古学の世界でそういう研究書が出はじめていてすごく面白いですよ。例えば、メアリー・セティゲストの『先史学者プラトン』（Plato Prehistorian）[注41]のような本も出ています。僕はこれらの考古学の発見が哲学史をつくり変えていくと思っています。ハイデッガーの時代はそういう考古学はまだ発達していなかったから、残念ながらギリシア以前の先史時代に十分に触れることはできませんで

注38　現在のタイランド湾から南シナ海にかけての海底にかつてあったとされる平野。アジア系民族の起源地とされる。

注39　プラトン『ティマイオス・クリティアス』種山恭子ほか訳、岩波書店、一九七五年。

注40　プラトンの『ティマイオス』で語られる概念で、「場」を表す。

注41　Mary Settegast, *Plato Prehistorian: 10,000 To 5,000 B.C. Myth, Religion, Archaeology*, Lindisfarne Pr, 2000

したが、それがいまは次第に見えてきているんです。僕はそれをもっと先に進めて見たいと思っています。

でも不思議ですねえ。ハイデッガーは古代ギリシア人でもない近代人、ヘルダーリンの詩のドイツ語の中に、とてつもなく古い意識層の存在をかぎあてるのですよ。ハイデッガーは本当に天才的な「意識の地質学者」だと思います。近代ヨーロッパに露頭している地層の中に、古代ギリシアとつながっている層を見つけ出す能力を持っているのですから。日本語でそんなことができたのは折口信夫くらいでしょう。残念ながら西田幾多郎さんや田邊元さんたち「日本哲学」の人たちには、そういう能力はありませんでしたね。

國分――僕は『暇と退屈の倫理学』[注42]の中で「定住革命」[注43]ということを言いました。昔は考古学なんて全然無関心だったのですが、考えていくうちに哲学と考古学がとても深い関係を持ち得ることが分かって驚いたんです。この「定住革命」という観点から見ると、ハイデッガーの一つの限界が見えてきます。「住むことが人間の本質だ」

注42　國分功一郎『暇と退屈の倫理学』朝日出版社、二〇一一年。

注43　長きにわたり遊動生活を送ってきた人類が、定住化することでこうむった様々な生活様式の変化の総体を指して「定住革命」と呼ぶ。我々は現在、定住生活を送っているため、定住こそが人類にとって本来的な生き方であって、遊動生活は苦労にみちた不自然な生活様式であると考えてしまう。しかし、少なくとも四〇〇万年は遡ることができる人類史の中で、定住化は約一万年前、つまり、つい最近起こった出来事にすぎない。人類は、それまで慣れ親しんでいた遊動生活を何らかの理由から放棄する必要に迫られて、定住化の道を歩んだのである。すると「農業などの食料生産技術の獲得が定住化を可能にした」という一般的な見方も偏見にすぎないことが分かる。このような見方が説得力をもっ

と断言するハイデッガーは、結局一万年前にはじまった「新石器時代」以降のことしか考えていないのではないでしょうか。

中沢―そうすると、つくり変えるべきイメージは「新石器時代」と「農夫」ということになりますね。ハイデッガーの理想はヨーロッパ中世の地方小都市でしょう。新石器文化のある種の最高形態です。だから、ハイデッガーは「新石器時代の原点に還れ」と言っていることになります。しかし実は、新石器時代以前に大変重要なものがあります。そうした観点から、ハイデッガーの形而上学批判や『アナクシマンドロスの言葉』[注44]などの著作を読み返す必要があります。そうした問題と原子力エネルギーの問題は深いところでひとつながりになっていると思うのです。その方向を深めていくと、ハイデッガーの限界を超えていくことができるという予感がします。

國分―僕は「定住革命」について書いていたときにずっと心に留めていたことがあって、それは、かつて中沢さんが芸術人類学研究所

てしまうのは、「人間にとっては定住が当たり前だから、条件がそろえばすぐにでも定住したに違いない」という定住中心主義的な視点をとっているからである。詳しくは、西田正規『人類史のなかの定住革命』（講談社学術文庫）を参照していただきたい。また『暇と退屈の倫理学』の第二章もこの定住革命を詳しく論じている。（國分）

注44　マルティン・ハイデッガー『アナクシマンドロスの言葉』田中加夫訳、理想社、一九五七年。

を立ち上げた頃に言っていた「芸術について考えるには一〇万年単位で考えなければならない」という言葉なんです。当時はその意味がよく分からなかったけれど、その言葉がなぜかずっと引っかかっていた。『暇と退屈の倫理学』を書きながら、「一〇万年前までは無理だったけれど、一万年前までは何とか遡ってみました」という気分だったんです。

中沢──その本を読んで、國分さんも先史時代に関心を持ちはじめたんだと僕は感銘を受けていたのですよ。僕の考えでは、國分さんが『暇と退屈の倫理学』で主題にしている「暇」と「退屈」の問題は、すでにトルコにある人類最古の都市の一つチャタル・ヒュユク[注45]でも発生しています。チャタル・ヒュユクの最下層は紀元前七五〇〇年とも言われていますが、そこに残された遺物や神様の造形を見ていると、明らかに國分さんの問題にする「空疎化」がすでにこの時代に生じているのが見えてきます。チャタル・ヒュユクは現在の都市のもっとも古い原型を示しています。「暇」と「退屈」の問題は、

注45　現在のトルコ共和国にある新石器時代から金石併用時代の遺跡で、世界最古の都市遺跡と言われることもある。チャタル・ヒュユクとはトルコ語で「分岐した丘」の意味。

決して一九世紀の近代都市にはじめて生まれたものではないと思います。

國分――僕の本でももう一度最初から考え直さなければならないと思っている問題があって、それが芸術の起源なんです。僕は芸術の起源をさしあたり「定住革命」に求めていて、「「定住革命」があったから、人間は暇になって芸術をはじめた」という非常に大雑把な議論をしています。もちろん、そういう面はあると思うし、それこそ新石器時代的な芸術の起源はそこにあるのかもしれないけれど、それだと、例えば旧石器時代の芸術が論じられないわけです。もちろんこう考えるときに念頭においているのはラスコーの壁画です。あれは後期旧石器時代の末期、約一万七〇〇〇年前に描かれたものですね。僕の本ではこのあたりをきちんと論じることができなかった。

中沢――まさにそこが問題です。暇になって退屈な人間がつくりはじめた芸術の先にいかなくてはいけない。農耕革命[注46]以前のラスコーの壁画はもう完成した芸術です。そして農耕革命以後に都市生活の原型ができると、芸術が明らかに変質してきます。そこではすでに私たちが抱えているような芸術の問題が非常によく見えてきます。たぶん、ピカソみたいな人がミノタウロス[注47]をしきりに描いたのは、農耕革命以前の文明への直感があるのでは。ミノア文明というヨーロッパ最古層の文明は、牛の文明です。インドの古代文明も牛ですし、日本でもスサノオの尊の本地[注48]とされるのは牛頭天王《ごずてんのう》です。ピカソの生まれたスペインで盛んだった闘牛は、この牛の文化の痕跡をいまに残すものです。そういうことを考えてみると、ピカソが突破しないといけないと考えていたことやハイデッガーがその先に触れてみたいと思っていたことが何であったのか、その実態が少し見えてきているんじゃないでしょうか。

國分――ハイデッガーも「芸術」ということを強調しましたが、それはいわば「新石器時代の芸術の原点に還れ」ということだったのか

注46　植物の栽培、農耕、牧畜が開始されたことにより生じた人類の生活の一大変化で、産業革命と並んで人類史上もっとも大きな意味を持つ変化の一つとされる。

注47　ギリシア神話に登場する半人半牛の怪物。ミノスの王妃が牡牛と通じて生んだ子。

注48　仏が人々を救うために神の姿をとって現れる垂迹身に対して、その神のもととなる仏を本地という。

もしれません。もしかしたら、もう一つの、別の「芸術作品の起源」があったのかもしれない。

中沢――そのあたりのことをバタイユが問題にしていました。旧石器時代にもうラスコーの壁画のような完成した芸術が発生している。これは一体何だろうと突き詰めて考えていくと、いま言われている「芸術」というものが相対化されてくるプロセスがはっきりと見えてくるように思います。

人間と自然の最適解

國分――いまの話を「贈与」という問題に関連づけて言うと、バタイユはニューディール政策を高く評価していたという話がありますね。ニューディール政策はケインズ的な意味での「国家」から「市場」への贈与の問題ですが、バタイユが問題にしていた先史時代の芸術と、この「贈与」という問題にはやはり何か関係があるのではないでしょうか。

中沢――人類が一番困ったのは、バタイユの言う「最大の贈与者」である太陽の存在だったわけでしょう。それを処理するためにいろいろな宗教がつくられてきたし、芸術の起源もまたそこにあると思います。この「贈与」の次元を断ち切って、人間が自律性を獲得したいという欲望を持ったときに、「太陽をいかに隠蔽するか」が全世界挙げてのテーマとなりました。

國分――そういえば、一九五〇年代に正力松太郎が『読売新聞』で原発推進のキャンペーンを張ったときの、新聞連載記事のタイトルは「ついに太陽をとらえた」[注49]というものでしたね。原発を推進していた人たちにとっては、まさしくそういうイメージだったのかもしれません。自分たちはやっと太陽を手に入れた。ある意味では、数万年来の悩みをようやく解決したという感じすらしますよね。

「贈与」については少し変なことを考えています。先ほど、「贈

注49　一九五四年にはじまった読売新聞の連載記事で、海外の先端の原発開発の事情や原子力研究の模様、原子力の平和利用の見通しなどを語ったもの。

与」は必ず負債感を負わせるという話をしました。ならば、「贈与」に対して「感謝」することはできないだろうか、と。何と言いますか、太陽の「贈与」に対して何の負債感を負わずに「どうもありがとうございます！」と感謝する思想はないのかなと思っているんです（笑）。

というのも、ハイデッガーは「贈与」とも言ったけれど、「感謝」についてもよく考えていた人だからです。「考える（denken）」は「感謝する（danken）」と実は関係していて、「思惟」には「感謝」が含まれているということも言っています。[注50]「存在」とは「それが与える＝贈与する（Es gibt）」ものだと言っていた人が、同時に「感謝」というテーマを出している。そこにはものすごく重要な関連があるように思うのです。

ただ、ドゥルーズがそれを強く批判していることもまた同時に気になるんですね。ドゥルーズによれば、ハイデッガーは思考と思考されるべきものとの一致、相同性を保持しているが、実際には思考のはじまりには不一致があるのだ、というわけです。[注51] 簡単に言う

注50　マルティン・ハイデッガー『思惟とは何の謂いか？』ハイデッガー全集第8巻、辻村公一ほか訳、創文社、二〇〇六年、一五一頁。（國分）

注51　ジル・ドゥルーズ『差異と反復』財津理訳、河出文庫、二〇〇七年、上巻、四六五—四六六頁。（國分）

と、人にものを考えさせるのは、自分と一致しない「敵」の「不法侵入」だ、と。そうやって「感謝」という問題系を斥ける。

　僕の哲学的な立場はドゥルーズに近いのですが、一方で「感謝」の問題をそんな簡単に斥けることはできないという気持ちもあります。

中沢――いま國分さんが言われた、思考における一致と不一致の問題は非常に重要ですね。僕は『雪片曲線論』[注52]を書いたとき、両者は完全に一致するんだという考えでした。例えば動物の形態は長い進化の過程を経て「最適化」されている。ダーシー・トムソン[注53]やアラン・チューリング[注54]も似たようなことを考えていますが、生命の形は「最適化」に向かってくるんだという考えですね。チョムスキーもいま人類が話している言語の文法構造は、「最適化」の過程で生まれたと言っていますが、僕はこれは正しい考えだと思っています。

　人間の脳の構造を通してつくり出される心の形と自然界でつくり出されるものの形は「最適化」のプロセスにおいて一つにつながっ

注52　中沢新一『雪片曲線論』中公文庫、一九八八年。

注53　（一八六〇―一九四八年）物理学と数学の概念を取り入れて新しい生物学を構築した。著書に『生物のかたち』など。

注54　（一九一二―一九五四年）イギリスの数学者。現代計算機科学の父と言われ、人工知能やコンピューターの理論に大きな影響を与えた。

注55　（一六四六―一七一六年）ドイツの哲学者・数学者。モナドロジーの思想を唱えた。モナドは存在を構成する分割不可能な単子で、この単子同士は外的な相互関係を持たないが、お互いがあたかも神が定めたように調和し合う「予定調和」の関

ていく。これはほとんどライプニッツの思考です。ライプニッツのオプティミズムというのは、実はそこから出てきているのではないかと思います。もちろんドゥルーズはそれを拒否し続けるだろうけど、それを拒否するか肯定するのかということは、ヨーロッパの哲学史の根幹にある対立です。ストア派はそれは一致すると考えています。ハイデッガーもまた、人間の心がつくり出すものと自然がつくり出すものの間には最適解があって、この「最適」をどうしたらつくり出すことができるのかということを考えていたように、僕には思われます。

人工知能というようなものを考えてみると、これはまだ最適の形態ではない。いまあるノイマン型コンピューターは、「離散無限」[注56]をベースにしてつくられています。「離散無限」というのは、「n」があったら必ず「$n+1$」があって、それが無限に伸びていくという考え方です。チョムスキーは人間の言語も同じような「離散無限」の構造でできていると言っていますが、「離散無限」でいくといまの資本主義と同じように世界はどんどん膨張していきます。資

係にあるとした。

注56　離散的であるとは、連続的な集合の部分集合が、ばらばらに散らばった状態であること。例えば、実数の中の整数全体がその例。量子力学では、物理量が離散的な値をとることが特徴。また、チョムスキーは「離散無限の概念（それを可能にするメカニズム）が全ての人間に生物学的に組み込まれているがゆえに、数を習っている子供が、ある数nまで1、2、3、…、nと習っても、そこで「自然数」が終わりになるのではなく、どのようなnに対しても必ず$n+1$が存在することを無意識に想定し、「自然数の無限性」を自然に受け入れるのである。そして、この種の離散無限性を示す「（自然）数」の概念は、どうやら人間に固有の特性のようである」（ノーム・チョムスキー『生成文法の企て』福井直樹ほか訳、岩波現代文庫、二〇〇一年）とする。

本はどんどん増えていきますが、人間の社会に最適解をもたらしません。その最適解は何かということを考える場合には、人間の言語や計算能力をつくっている「離散無限」のメカニズムとは違うものが心に働いていると考えなくてはいけない。そこで出てくるのが、先ほどから言っている「贈与」とか「存在」という問題で、そこには「離散無限」とは異なる無限の構造が関わっているということです。無限なのだけれど、「無限に広い空間」を必要としない、そういうものを考えなければならない。僕はそのことを「対称性の論理」として考えてきました。

東洋思想などではよく「この一点に全宇宙がある」などと言われます。こう言ってしまうといかにも陳腐になってしまいますが、これが何を言わんとしているのかということはよく分かります。それは、空間的に膨張するのではない「無限」の別形態があるということで、ハイデッガーの言う「存在」とは実はそういうトポロジーをしています。

資本主義から原発に至るものの背後にある思考形態は、空間をどこまでも拡大していく、あるいは商品の形をとった富を無限に増殖し、無限に消費できるという「離散無限」的な考え方です。別の言い方をすれば「自己増殖オートマトン」的な考え方です。最終的には、人間の生命もそういうものだと言いたいのだと思います。しかし、その思考法は決して最適解をもたらしません。いまや3・11以降の日本人がどちらの方向を目指さなければならないかは明らかです。私たちはこの列島の中で、人間と自然の最適解を目指していこうとするはじめての現代的人類になろう。僕が『日本の大転換』で考えているのはそういうことです。

「心の最適解がどこから出てくるのか」というこの困難な課題に挑戦した数少ない先人に、ジャック・ラカンがいます。晩年のラカンが「自己」と「他者」との間に最適な距離を見出そうとして、フィボナッチ数列[注57]を使って変な計算をしています。また、レヴィ＝ストロースもかつて、二つの違う部族がお互いの間にどれだけの距離をつくり出すのかということに関して、黄金数的関係を使って示そうとしました。おそらく人間の世界にも最適解というものがあっ

注57　イタリアの数学者レオナルド・フィボナッチが『算盤の書』に記載した数列で、隣り合うフィボナッチ数の比は黄金比に収束する。自然界の調和した現象にこのフィボナッチ数が数多く出現すると言われる。

て、それを実現するための経済学や技術論、社会学がこれからつくり出されていかなければならないのではないでしょうか。そのためにはこれまでのモダニズムの思考といったんお別れしなければなりません。

國分——いま、思考と思考対象との「一致」から「最適解」を目指すという話の中で、ライプニッツの名前が出ました。ドゥルーズはまさしくライプニッツに生涯こだわっていた人で、最後の著作の『襞』[注58]もライプニッツ論でした。一致か不一致かと言ったら、ライプニッツは間違いなく一致の側に立つ哲学者です。モナドと宇宙は完全に連絡しているわけですから。それからもう一人ドゥルーズがこだわったのがスピノザですが、スピノザも「一致」の思考の人で、自らと一致するものこそが喜びの感情を高めると考えた。

つまり、ドゥルーズにも分裂したところがあって、ハイデッガーに対しては「不一致」を強調しますが、彼自身が主に研究しているのは「一致」を志向している人なんですね。ドゥルーズのライプニ

注58　ジル・ドゥルーズ『襞——ライプニッツとバロック』宇野邦一訳、河出書房新社、一九九八年。

ッツ論で言う「襞（pli）」とは、空間を拡大していくのではなくて、ある一点の中にいくつもの襞があって、その中に無限があるという発想です。スピノザの「様態（modus）」という考え方もそれに近い。

中沢――「襞」というのは「折りたたみ込み」のことですから、小さいところに無限が詰め込まれているというもので、幾何学で言うフラクタル[注59]に近いものですよね。

國分――それとまったく逆の発想がデカルトの「延長（extensio）」という考え方で、ドゥルーズがデカルトに対して終始否定的だったのは、そのあたりに対する直感があったからだと思うんです。

あと、最適解ということで言うと『暇と退屈の倫理学』の中で、僕は「消費」と「浪費」は違うということを書きました。「消費」というのは「n」が「$n+1$」になっていくように、最適解を持たずに果てしなく続いていく。なぜなら消費の対象は記号であり観念

注59　フランスの数学者ブノワ・マンデルブロが導入した幾何学の概念で、図形の部分と全体が自己相似形になっているものを指す。自然界の海岸線の形などがフラクタル図形の一例。

であるからです。それに対し、物の享受である「浪費」には限界があって、あるところで満足をもたらしてストップする。これはまさしく最適解の話だったのだといま気がつきました。

「消費」と「浪費」の区別はさらなる洗練が必要ではありますが、とりあえずこのような概念でイメージを提出することが大切だと思っています。そしてそのヒントになったのは、意外なことにボードリヤールでした。

中沢——ボードリヤールという人はいろいろ誤解されて損をしてしまっているところがあるけれど、すごく重要な思想家だと思います。

國分——いまではボードリヤールという人はなぜか「消費社会の代弁者」のように扱われてしまっていますが、もともとは非常に古い左翼というか、それこそ「農夫」タイプの思想家です。僕も読み返すまでは誤解していたのですが、消費社会について書くために改めて読み返してみたら目が開かれるようなことが書いてあった。彼が言っていることはまさしく「浪費」が「消費」とは違って最適解をもたらすということです。

中沢——『象徴交換と死』[注60]というのはまさにそれですね。

ラジカリズムと「普通」のこと

國分——『暇と退屈の倫理学』では、「浪費」はどこでストップするのか、「満足」とは何か、「欲望」との関係はどうなっているのか、という点については不十分な分析しかできていません。それは今後の課題だと思っています。まさにラカンの精神分析などにヒントがあるのかなとも思っているのですが。

中沢——しかし、いわゆる「ラカン派」と言われる人たちの語り口は、時代からみごとにズレてしまったなと感じます。僕が『日本の大転換』で使った「心のラカン・モジュール」[注61]という考え方は、ラ

注60　ジャン・ボードリヤール『象徴交換と死』今村仁司ほか訳、ちくま学芸文庫、一九九二年。

注61　フランスの精神分析学者、ジャック・ラカンの提唱した人間の心のトポロジー。人間の無意識の心が、「射影平面」というトポロジーの形をしているというもので、『日本の大転換』の中でも詳説されている。

カン最晩年の「あんなことさえしなければ、ラカンはよかったのに」と言われているラカンなのですが、僕はそこに一番惹かれました。そんなラジカルなことを新書で書くなとよく文句を言われましたが、アクティビティに踏み込んでいくとやることが多少乱暴になって（笑）。

最近、マルクスやレーニンなどの文章をよく読み返すのですが、あんな状況の中でよく自分の微妙な思考法を展開していたなと感心します。特にマルクスの『ゴータ綱領批判』[注62]やエンゲルスの『エルフルト綱領批判』[注63]など状況に応じて演説したものは、こんな局面でよく原則を出してくるなと本当に驚きます。

國分——政治学者の白井聡さんがよく強調するように、『国家と革命』[注64]には「マルクス主義の真の国家論とは何か？」といったややこしい話が書かれているけれど、あれは革命が進行している最中に書かれている。実践において少しの間違いも許されない場面で、わざわざややこしいことを論じているという変な本なんだということです

注62　一八七五年にゴータで党会議が開かれる際に「アイゼナハ派」が「ラサール派」との合同を計画し、そのための綱領草案をつくった。この草案に対するマルクスの批判を中心とした文章が『ゴータ綱領批判』である。

注63　一八九一年にドイツ社会民主党がエルフルトで党会議を開いた際に、ゴータ綱領を破棄してカウツキーの起草した「エルフルト綱領」を採用した。これに対するエンゲルスの批判が『エルフルト綱領批判』である。

注64　レーニン『国家と革命』角田安正訳、講談社学術文庫、二〇一一年。

ね。

中沢――レーニンはあの本を書いたときは完全な少数派ですから、大局からはじき出されていた。そういうときだったからこそそのラジカリズムがあるんじゃないかな。

國分――『日本の大転換』は、結論部のところで最晩年のラカンの描いた非常にややこしい心の構造について言及していますが、僕があの本で面白いと思うのは、その直後に「無意識のイノヴェーションを引き起こすには、適度な休暇が必要だ」というものすごく普通のことが書いてあることなんです（笑）。「資本主義にとっての命であるイノヴェーションは、現代では脳（心）の無意識領域との境界面でしか、発生しなくなっています。「労働」によってはそれは引き出せません。適度な休暇と自由な環境の中でしか、いいアイディア、つまり無意識からの良い贈与がおこらない」というわけですね。

この結論には僕もまったく賛成で、というか、僕も『暇と退屈の倫理学』の結論部でマルクスの「自由の王国の根本条件は労働日の短縮である」という言葉を引用しました。これもものすごく普通のことですよね（笑）。

中沢――『日本の大転換』にも書きましたが、「無意識のイノヴェーションを引き起こすには、適度な休暇が必要だ」というのはグーグルの社是みたいなもので、このことは、現代資本主義こそが、「贈与」の原理を誰よりも必要としているということを示していると思います。ハイデッガーは「贈与」というものは待ち受けるものであると言っています。この「待ち受け」というのは適度な休暇と自由な環境がなければできません。しかし、いまは待ち受けている間に「他のもうかる仕事をしろ」と言われてしまいますからね。

最近僕はこういう普通のことを言わなくてはいけないんだと感じています。大震災の後に芸能人やミュージシャンがチャリティー・コンサートをよく開いていますが、被災地で一番の熱狂を得たのは実は長渕剛でした。大人も子供も、みんな泣きながら彼の歌を聴いている。そのとき彼はものすごく単純なことしか言っていない（笑）。僕もこういうものから学ばないといけないなと思っています（笑）。

國分――では、今日の結論は「休暇が大切」ということでよろしいでしょうか（笑）。

中沢――はい（笑）。そうなるといまの若者の生き方でいいんじゃないでしょうか。

國分――僕もそう思うんです。最近、『絶望の国の幸福な若者たち』[注65]という本を書いた古市憲寿さんと対談したのですが、彼は「いまの若者は幸福度が高い。それはそれでいいじゃないか」と言って物議を醸しました。でも、僕は古市さんの言うとおりだと思うんですよ。これまでは未来のためにいまを犠牲にして働いて経済成長して

注65　古市憲寿『絶望の国の幸福な若者たち』講談社、二〇一一年。

きたけれど誰も豊かにならなかった、そんな過去を日本社会はあるときから反省してきたはずなのに、はっきり「それでいいじゃないか」ということを言う人がいるとみんなで批判するのはおかしいと思うんです。

中沢——最近読んだ本で一番感動したのは、マーク・ボイルという若者の書いた『ぼくはお金を使わずに生きることにした』注66という本でした。一年間まったくお金を使わないで生活することにしたイギリスの若者の本ですが、あれは僕らがやろうと思ってなかなかできないことですよ。昔そういうのが日本のテレビ番組でもありましたけど、あれはテレビ局が取り囲んでものすごいお金を注いでいますからね（笑）。それを全部自分一人でやるという、このイギリス人的ラジカリズムに日本人は学ぶべきだなと思いました。

マーク青年によれば、実際にお金を使わない生活をしてみると、何かとても忙しいらしいんですよ（笑）。朝起きて雑草や薪を周囲からかき集めて、ストーブを焚いて、一日中すごく忙しくしてい

注66　マーク・ボイル『ぼくはお金を使わずに生きることにした』吉田奈緒子訳、紀伊國屋書店、二〇一一年。

る。だけど、草を摘みに行ったときなどのふとした瞬間に、周りの景色がまったく違って見える。朝の光景も、鳥も植物も、いままで自分はこんな風に感じたことはない。どんどん自分がつくり変えられていく。それを感じながら、薪を集めるのにとても忙しい、というのはいい話じゃないですか（笑）。

國分——とりあえず、若い人たちに読んでもらいたいですね（笑）。

あと古市さんの本について付け加えておくと、彼は単純に「いまの若者たちは現状に単に満足しているから、何があっても立ち上がることはない」などと言っているわけではありません。彼は「モラルエコノミー」という民衆史の概念を援用しています。民衆史の研究によると、民衆は「モラルエコノミー」と呼ばれる自分たち独自の「規範」を持っていて、彼らにとって身近なそのルールが犯されたときに突如立ち上がることが多いと言うんです。打ち壊しとか米騒動とかがその例なんですけど、いまの若者も自分たちのモラルエコノミーに接触するような事態が起こって、それに対する情報がきちんと伝わればちゃんと立ち上がるんじゃないか。実際に、今回の原発事故でも脱原発を目指して多くの若者が立ち上がったわけじゃないですか。それは勇気をくれる事実だと思います。

中沢――グリーンアクティブでおこなおうとしているものはまさにそういうことで、若者の立ち上がりを促していくきっかけをつくりたいということにつきます。実際、いまのすごくお金のかかる選挙で闘っていっても、僕たちのやれることなどはたかが知れています。でも、こういう運動をしつこくやり続けることがやはり重要です。日本では社会運動はすぐに風化してしまうし、いまは政府も東電もお金をたくさん注いで「原発は大丈夫」という大キャンペーンを展開しようとしています。これからもそういう攻勢を大規模に仕掛けてくるでしょうが、僕らの側では、「あのときに一瞬開いたものは真理なのだから、そこに絶えず立ち返っていこう」ということを言い続けたいと思います。

國分――ハイデッガーはギリシア語の「真理《アレーテイア》」を「覆われていないこと」と訳しますけど、まさしく覆いがとれて現れた真理でしょう。

中沢――ハイデッガーの思想などがはじめて現実に活きてくる時代に突入したんだね。

（二〇一二年一月一〇日　明治大学・野生の科学研究所にて）

第Ⅱ章

新しい自然哲学に向かって

原発に対置されるべき原理とは何か

國分——3・11で福島第一原発の事故が起こってから、もう一五ヶ月[注1]、前回中沢さんと対談させていただいてからもすでに半年近く経ちます。その間にも原発関連で大きなニュースが続いています。二〇一二年の五月五日には、北海道で唯一稼働中だった泊《とまり》原発三号機が定期検査のために停止し、一時的にではありますが、日本国内の原発が全部停止するという事態が生じました。しかし、結局その後に関西電力の大飯《おおい》原発三号機四号機の再稼働の問題が持ち上がってきた[注2]。再稼働に反対する声は非常に大きなものとなり、毎週金曜日に首相官邸前でおこなわれているデモには一〇万人を超える人が集まりました。

中沢——数日前に僕たちは福井県の大飯原発の足下でシンポジウム[注3]をおこないました。大飯原発は福井県・若狭の大島半島の北の突端部

注1　この対談が収録された二〇一二年六月七日時点。

注2　その後の二〇一二年七月一日に大飯三号機が起動し、二ヶ月間続いた原発稼働ゼロの状態が終了した。

注3　「ニソの杜から日本の未来を考える」二〇一二年六月三日開催。出席者は中沢新一、いとうせいこう、金田久璋、中嶌哲演、松村忠祀。

につくられていますが、その大飯原発のすぐ手前にあるのが「ニソの杜」[注4]という聖地です。大島半島はかつては島で砂州を形成し半島になった陸繋島《りくけいとう》で、古代のカヤ世界の海民文化が流れ込んでいて、ここにある杜の形こそもっとも古代的な神社の原型だと考えられてきました。

原発とニソの杜の二つを航空写真で見ると、小山を隔てて背中合わせになっています。ニソの奥深い森があるせいで、半島の内海側からは原発は見えないようになっていますが、古代の伝統を残す聖地の森の上を送電線がたくさん走っているちょっと異様な光景だけは隠せません。これは、一つの象徴的な光景だと思います。この地で感じるのは、この場所で「二つのまったく異質な原理が背中合わせで対置されている」ということです。

ニソの杜は元来は埋葬地だったようです。渓谷に埋葬地をつくって、大島半島を開いた先祖たちを祀った。それがニソの杜という禁足地です。本来は立ち入り禁止の聖地でした。そこは「お入らずの森」になっていて、「アジール」的な役割も果たしていたようです。

注4　大島半島の聖地。地元では「ニンソー」や「モリサン」とも呼ばれ、二月におこなわれる祭祀以外には立ち入りが禁止され、生えている木を伐ることも禁忌とされてきた。また、森の中には積石古墳が点在。

昔は罪を犯した人でもニソの杜に逃げ込むと追うことができなくなったと伝えられています。

それでは、埋葬地にして聖地だったニソの杜で働いている原理は何かと言うと、それは「生と死の循環」です。ニソの杜には死の中から新しい生命が生まれてくるという生命の循環理論的な考え方が土台にあります。そして、我々の生態圏でおこなわれているのもこの「生と死の循環」にほかなりません。人間と自然が複雑な通路によってつながり合っていて、しかも、死が生命の生まれている条件となっている。これに対して原発で働いている原理というのは、人間と自然との循環通路を断つということです。例えば、原発が出す放射性廃棄物からの放射線は、数十万年かけてようやく半減期を迎えるような性質のもので、生態圏における自然と人間の循環通路を破壊します。原子力発電所は、そこからエネルギーを取り出して、都市に送電しています。生命がある空間が生態圏ですから、核技術は生命の生存ができない空間を地上につくり出したと言えます。しかもそこで働いている死の原理は、「ニソの杜」のように「何かを生み出す死」ではなく、「何も生まない死」なんですね。

その二つの原理が対置し合っているまさにその場所で、僕たちはシンポジウムをおこなおうと考えました。それはかつて、ヨーゼフ・ボイス[注5]たちが、資本主義に別の原理を対置するアクションとしてコヨーテの仮面をかぶったのに近いものだったと思います。重要なのは、僕たちは「原発に何を対置するのか」という原理をきちんと提示しなければならないということです。僕はこのところいろいろな脱原発・反原発運動の人たちと関わるうちに、そうした人々の中でも「原発に対置する原理」が、まだ明確なイメージに結晶化されていないという印象を強く受けてきました。

放射能の恐怖を否定することはできません。子供を放射性物質に触れさせたくないという気持ちは深い生理的な反応ですから、そうしたやむにやまれぬ気持ちから脱原発の運動をすること自体大きな意味があります。核技術の専門家の中からも科学的立場から脱原発を唱える方も出てきて、原発の技術体系は人間のコントロールが効かないのだということをはっきりとおっしゃっています。しかし、

注5 (一九二一―一九八六年) ドイツの現代美術家・彫刻家、社会活動家。パフォーマンスアートで有名になり、様々な領域で活躍。「自由国際大学」開設や「緑の党」結党にも関係した。

「原発に対置する新しい原理を取り出す」ということは哲学的・思想的な作業です。それはデモをしたりフェスをしたりするだけでは、明確に取り出すことのできないものです。

そこで、今日の僕と國分さんの対談の主題は、まさに、この「原発に対置する原理を取り出す」ということをめぐっておこなわれることになるでしょう。前回は原子力発電の問題をもっとも深く思考した現代哲学者はハイデッガーだったという話をしました。ハイデッガーが問題にしていたのも、やはり同じ問いでした。一方では、計算性の中で動いていく「技術《テクネー》」というのがあって、他方ではこの計算性の中に回収できない「存在」がある。

僕はその「存在」の具体的表現の典型が、ニソの杜であると思いました。僕たちは原子力発電に対して、このニソの杜に表現されている原理を抽出し、対置させる思想の運動をはじめなくてはならないと思うのです。そんなことを言うとずいぶん悠長な感じもするかもしれませんが、こういうことを積み重ねていくことで、「原発に対置する原理」、その概念を豊かなイメージとともにつくり上げて

注6　「原発と「科学」」『atプラス』10号、太田出版、二〇一一年。槌田劭（一九三五年―）氏は、元京都大学工学部助教授。現在はNPO法人「使い捨て時代を考える会」相談役。伊方原発訴訟で住民側の証人を務める。右記講演で槌田氏は、伊方原発訴訟での原告側の驚くべき体験を記しているので、それをここで紹介したい。

住民が国による伊方原発の設置許可取り消しを求めたこの裁判、国は名だたる原子力の専門家を証人にそろえてきた。住民側はなかなか専門家に証人になってもらえず（もちろん、住民側に付けば原発村から村八分にされ、研究費が取れなくなるからである）、困り果てて槌田氏のところに来たという。槌田氏は京大で教鞭を執る若き科学者であったが、専門は金属物理学で、原子力は全くの専門外であった。住民から「勉強したらちょっとは分かるでしょう」

いくことができる。それこそが思想の営為ではないかと思うのです。

國分──「原発に何を対置するか」がまだイメージも、概念化もされていないというのは僕もまったく同感です。伊方《いかた》原発訴訟の原告団の一人だった槌田劭《つちだたかし》さんが最近の講演でこんなことをおっしゃっています。「私は反原発・脱原発の運動も不安や不信感に基づいておこなわれるべきではないと考えています。そういう動機に基づく限りは、運動は決して長続きしないでしょう」[注6]。たしかにいまは「不安や不信感」はいかんともしがたい。しかしそれに代わるものを探さなければならないと僕も強く思います。

その原理が一体何かを考える際、僕は哲学を勉強している人間ですので、やはりハイデッガーのことを考えるんです。最近僕はずっと「自然《フュシス》」のことを考えていて、そこからハイデッガーを読み直すという作業を続けていました。すると、結局「自然《フュシス》」の問題が、ハイデッガー思想の根幹部にあるということがすごくよく分かるよう

と頼まれ、証人を引き受けたという。

原告側に立ったのは槌田氏のほか一〇人ほど。国もそれに対抗して、一〇人あまりの原子力の専門家をそろえてきた。槌田氏に差し向けられたのは、国際原子力学会の理事まで務めた三島良績。その道の権威に、駆け出しの若手助教授が戦いを挑んだのである。

国は当初、高をくくっていた。自分たちが用意した証人たちが議論で負けるはずがないと考えていたからである。そのため国は裁判では真っ向勝負を仕掛けてきた。だが国が原子力裁判で真っ向勝負を仕掛けるのは、この伊方原発訴訟が最後になる。なぜなら国はこの伊方の経験から、裁判で真っ向勝負すると不利だということに気づくからである。

例えば、炉心燃料に起こり得る危険性について槌田氏が質問すると、その道の権威であるはずの三島氏がしどろもどろの逃げを繰り返した。

になってきた。

　ハイデッガーはプラトンに対して批判的です。プラトンは彼岸に「イデア」というものを立てて、「イデアこそが真の実在であり、現実世界はその似姿にすぎない」と言うわけですが、ハイデッガーはまさにこの主張を批判する。なぜかと言うと、このような考え方では、自然がイデアを具現化するための単なる「素材」になってしまうからです。自然をそのような素材と見なすと、結局は「人間が自然をどう使ってもいい」という話になってしまう。そうした人間中心主義的な自然観を、ハイデッガーは「製作的自然観」と呼んで批判しましたが、その原型となる思考はプラトンやアリストテレスにある。

　こうして考えると、ハイデッガーがなぜあんなに「ソクラテス以前」の哲学者たち――ヘラクレイトスやアナクシマンドロスなどの「イオニア自然哲学」[注7]に属する哲学者たち――に強い関心を持っていたかが分かってきます。そこにはまったく異なる自然観が見出せるからです。古代ギリシアの自然観というのは、植物の生成をモデ

そのような箇所は証言調書では「三島　×××」と書かれている。対し、素人である槌田氏がそのような事態に陥ることはなかった。担当した弁護士は「こんなにおもしろい裁判はない」と述べていたという。裁判は住民側の優勢で進んだ。

　そんな雰囲気の中で証人調べが終わる。あとは判決を待つのみ。その段階で驚くべきことが起こった。現地踏査や証人尋問に携わってきた判事が、突然、異動させられたのである。判決は別の裁判官の手で書かれることになった。裁判を不利と見た国が人事権を使って裁判官を入れ替えてきたのである。

　しかも国は、公害問題で札付きの不公正判決を繰り返してきた人物を裁判官に据えた。住民側の異議申し立てによりその人物は担当を外されるが、しかし、裁判官の入れ替えはどうにもならなかった。

　一九七八年四月に「国側の主張を

ルとして考えられていて、フュシスという言葉の語源である「フュエスタイ」には、「生える」「成長する」「萌えいずる」という意味があった。つまり「自然《フュシス》」は、己のうちに生成の原理を備えており、それによって自ら「運動《キネーシス》」するものとしてとらえられている。

先ほど中沢さんが「死が次の生への前提になっていく」、「死と生が循環していく」ということをおっしゃいましたが、まさにそういう自然観ですね。いろいろなものが絶えて死んでいき、そしてまたそこから何かが萌えいでてくる。僕は授業なんかでは、少しふざけて「萌えの自然観」と言っているんですが（笑）、ハイデッガーは技術について思考しながら、プラトン以前にまで遡り、この「萌えの自然観」をどうやって復活させるかということを考えていたのだと思います。

この自然観に関して、木田元さんが大変印象的な仕方で説明を加えています。

「われわれは彫刻家が大理石の塊からヘルメスの像を造ると言う

認定する」との判決。住民は敗訴する。

槌田氏は判決を聞いた日、汽船で関西に戻る途中、一睡もできなかったという。そして船の中で槌田氏は科学者を辞めることを決意する。「仕方なしにずっと船の手すりにもたれて、彼方へと流れる黒い海水を見ていました。その時に、「僕はもう科学者を辞めよう」と思いました」。槌田氏は京大を辞職。京都精華大美術学部の教員になる。

「原子力というのは民主主義社会そのものを破壊するものです」——槌田氏はそのように述べている。これがすこしも大袈裟な言い方ではないことは、伊方裁判の経緯から明らかなことである。国は無理矢理原発をつくろうとする。住民は反対する。国はあらゆる手段を使って当初の目的を貫徹する……。

本文で引用した言葉はこうした体験を経た槌田氏によって述べられた

が、ギリシア人にとってはこれは、やはり大理石の塊がヘルメスの像に成ること、つまりもともと大理石のうちにひそんでいたヘルメス像が余計な部分をそぎ落としてそこに立ち現れてくることだと受け取られていた[注8]」

「自然《フュシス》」が内在的な運動の力を持っているように、大理石の塊はヘルメスの像になる力を持っている。彫刻家の仕事とはその力を手助けすることであり、それによってヘルメスの像が生成する。「技術《テクネー》」とはこの助力のことです。ハイデッガーは、「技術《テクネー》」の本質を「こちらへと-前へと-もたらすこと（Her-vor-bringen）」と考えていますが[注9]、これは自然に外から力を貸して、「こちら」へと、つまり技術の担い手のほうへと自然の力を導くことなんですね。

　前回の対談では、ハイデッガーが風車を好んでいたことに言及しましたが、あれなどはまさにこの「こちらへと-前へと-もたらすこと」でしょう。強い風は人間の営みを破壊することもある。しかし、風をうまく風車に当てることができれば、その力が人間のほうに

ものであることを忘れてはならないだろう。また原発に対置されるべき原理は、政治上の原理、「民主主義社会」の原理とも通底するものでなければならないであろう。（國分）

注7　紀元前六世紀から前五世紀にかけイオニアのミレトスを中心に隆盛した。タレス、アナクシマンドロス、アナクシメネス、ヘラクレイトス、アナクサゴラスなど。

注8　木田元『ハイデッガーの思想』岩波新書、一九九三年、一六三頁。

注9　ハイデッガー「技術への問い」『技術への問い』関口浩訳、平凡社、二〇〇九年。（國分）

導かれて、人間の生活を豊かにしてくれるものになる。ところが、思い上がった「現代技術」は、自然を「挑発する（Herausfordern）」ものになってしまったというのがハイデッガーの指摘でした。そして、おそらくその思い上がりを突き詰めて考察していくと、生成する自然という観点そのものの欠如が見出される。「萌えの自然観」が失われたときに、すでに「現代技術」が体現した思い上がりがはじまっていた。ハイデッガーはそれ故、現代技術に言及しながら、そして現代を「原子力時代（Atomzeitalter）」と名指しながら[注10]、同時に、自然観の変容を明らかにするべく古代ギリシアまで遡ったのだと思います。

ハイデッガーは「存在忘却」ということを言いましたが、それもこの自然観の問題、技術の問題から考察できます。ハイデッガーがこのフレーズで言いたかったのは、生成する自然が存在していることへの「驚き《タウマツェイン》」を取り戻さねばならないということではないでしょうか。というのも、自然が、単にイデアという本質にとっての素材にすぎないとしたら、それが存在していることへの驚きも何もな

注10　ハイデッガーは随所で現代を「原子力時代」と規定している。例えば、一九五五年の講演「哲学とは何か？」（ハイデッガー選集第7巻、原佑訳、理想社、一九六〇年）や、同じく一九五五年の講演「放下」（ハイデッガー選集第15巻、辻村公一訳、理想社、一九六三年）。（國分）

いからです。どこか遠くにある本質が最高位におかれ、生成する自然が存在しているという事実は当然視される。

こう考えると、「自然《フュシス》」の問題こそがハイデッガーの「存在論」の根幹にあったという気がして来ます。「技術《テクネー》」の問題も、決して「存在」の問題の脇にあるものではなくて、彼の哲学の中心的プログラムを構成するものではないかと思うんです。

中沢―そのとおりだと思います。「存在」の問題というのはハイデッガーの一番大きな主題でしたが、そのことは國分さんがおっしゃるように「自然《フュシス》」の問題と密接につながっています。

ハイデッガーと東洋の賢人

中沢―ハイデッガーの話をもう少し続けましょう。ご存じのように、ハイデッガーが最初に書いた本は『存在と時間』[注11]というタイトルでした。それでは、なぜハイデッガーは「存在」と「時間」を問

注11　ハイデッガー『存在と時間』上・下巻、細谷貞雄訳、ちくま学芸文庫、一九九四年。ハイデッガーの主著、二〇世紀最大の哲学書とも呼ばれ、実存主義や構造主義、ポスト構造主義といったいわゆるフランス現代思想に強い影響を与えた。

題にしたのか、なぜ「存在」を時間の方面から考えはじめたか。その背後にフッサールの現象学の抱えていた問題ももちろんあるのですが、もっと個人的な問題もあったのではないか。

ハイデッガー自身が『野の道』という小さな本の中で書いていますが、ハイデッガーのお父さんはメスキルヒという田舎の小都市のカトリック教会の樽職人で、それと同時に墓守もやり、鐘突き堂の管理者もおこなう職人でした。要するに、ハイデッガーのお父さんは教会の雑務全般を執りおこなう人物だったのですね。ハイデッガーは『野の道』の中で自身の幼少期を振り返って、こんな風景を想起しています。木こりが近くの森で木を切っていくと、その音を聞いてお父さんが走り出していく。木のところに行って、木の切り出しを点検するわけです。その木は教会でいろいろな木工に使われる。そのとき少年ハイデッガーも、お父さんが森に駆け出していくときには、自分も一緒に駆け出していって、木の切り出しの様子を見ていたそうです。お父さんは教会の雑務全般をおこなっていましたが、その中でもとりわけ一番重要な仕事は「時間を管理すること」にありました。教会の鐘の管理を重要な任務としていたからです。

こうした幼少期の原風景をおいてみますと、ハイデッガーがごく自然に「存在」の概念のうちに含まれていた時間の要素に注目したのはよく理解できます。一九三〇年代に、ハイデッガーが自身の哲学的立場を根本的に転換する、「転回《ケーレ》」注12と呼ばれる出来事がありますが、僕にはあまり「転回」したようには見えないんですよ。ハイデッガーの「自然」に対する強烈な問題意識は、初期から一貫してあったからです。

ハイデッガーは「森の人」です。彼の原点にあるのは農林業なんですよ（笑）。ハイデッガーの写真はたくさん残されていますが、それを見ているとどう見ても「百姓の親父さん」にしか見えないでしょう（笑）。ドイツの伝統的な農民の格好をして、「農民作曲家」と言われたブルックナーがよくしていた服装と同じです。ハイデッガー自身が意識してそういうスタイルをしていたのでしょう。「自分は農夫なんだ」という意識を強く押し出そうとしていたのでしょ

注12　現存在である人間に、何らかの仕方で「ある」とは何かについて気づきがあるとする「存在了解」の立場から、存在「ある」が人間を規定する「存在生起」という立場への変化を「転回」と呼び、ハイデッガーの思索を前期後期に分ける。

注13　（一八八八―一九四一年）日本の哲学者。長くヨーロッパ留学し、留学中にサルトルに仏語を習う一方、彼にドイツ語を教えたのではないかという逸話がある。主著は『「いき」の構造』。

う。

ハイデッガーのところには九鬼周造[注13]や三木清[注14]、そして『言葉についての対話』を訳した手塚富雄[注15]など、京都学派を中心に多くの日本人が尋ねていきますが、その記録などを読んでいて、ちょっと違和感を感じるのは、日本から行った哲学者たちは目の前にいる人物を西欧を代表する大哲学者だとしか見ていなくて、ハイデッガーのお百姓性を見ていない（笑）。ハイデッガーは「百姓にして大哲学者」です。ところが、日本から行った京都学派の人たちには、その感覚が足りない。あの人たちには、目の前にいる人物の本当の実在が見えていなかったのではないか、という気さえするのです。

プラトンはそれ以前にあったイオニア的な自然観を埋葬してしまいましたが、ニーチェがそのことをとらえて「ディオニュソスの埋葬」[注16]と批判しましたが、これもまさにこのことに関わっています。ハイデッガーはニーチェから多大な影響を受け、彼を乗り越えるべきライバルと見なしていますが、二人ともプラトン以降に埋葬された地層を掘り返すことを自分の生涯の仕事としました。彼らは

注14　（一八九七―一九四五年）京大在学中、西田幾多郎に師事。ドイツに留学、リッケルト、ハイデッガーらに学ぶ。治安維持法違反の容疑者をかくまったことを理由に拘留。敗戦後一ヶ月も経って死んでいるのが発見された。

注15　（一九〇三―一九八三年）ドイツ文学者。ゲーテ、ヘルダーリン、リルケなどに関する著作のほか翻訳で知られる。生野幸吉、川村二郎、高橋英夫、西尾幹二ら数多くの弟子がいる。

注16　通説では東方起源のディオニュソスの渡来がギリシア社会に影響してギリシア悲劇が生まれると考えるのに対し、ニーチェはアポロン（合理性）的なものにディオニュソス（自然）的なものが融合されたにもかかわらず、表面上はディオニュソス的なものが隠蔽されたと考えた。

形而上学に対置するものとしての「自然《フュシス》」を、本当にリアルにとらえていたのだろうと思います。

國分――いまのお話を聞いていて思い出したのですが、ハイデッガーには『ヘラクレイトス』[注17]といううすばらしい講義を収めた本がありますす。その冒頭にすごく面白いエピソードがあるんですね。ヘラクレイトスのところに異邦人たちが訪ねてくる。彼らは、かの有名な哲学者ヘラクレイトスが、自分たちの知る日常生活とはまったく異なる深遠な雰囲気で目の前に姿を現すだろうとわくわくしている。ところが、彼らが目にしたのは、パン焼き釜に手をかざしながら暖をとっている男の姿だった。お喋りのネタになるような特別なものを期待していた彼らはぽかーんとしてしまう。ところが、ヘラクレイトスは、この物見遊山の異邦人たちを追い返さない。そして、「安心してお入りなさい。ここにも神々はいるのだから」と言う。[注18]

これは万物のアルケー（**始源物質**）を火に見るヘラクレイトスの思想を思い起こさせるエピソードですが、ハイデッガーもヘラクレ

注17　マルティン・ハイデッガー『ヘラクレイトス』ハイデッガー全集第55巻、辻村公一ほか訳、創文社、一九九〇年。

注18　「ヘラクレイトスは、彼に面会しようと望んでいる異邦人たちが近づいてきて、彼がかまどのそばで暖を取っているのを見て立ち止まった時、人々に向かって次のように語ったと言われているが、それは、安心してお入りなさい、ここにも神々は在《いま》すが故に、と勧めたのである」（マルティン・ハイデッガー『ヘラクレイトス』ハイデッガー全集第55巻、創文社、一九九〇年、八―九頁）。（國分）

イトスと同じような感覚を持っていたんじゃないでしょうか。自分のところに日本からわざわざ尋ねてきた人がいる。きっと「安心してお入りなさい」という気持ちだったんじゃないですか（笑）。

中沢――ハイデッガーのあのたたずまいを見たり、『ヘラクレイトス』講義を読んだりすると、これはもう東洋の賢人を描いたエピソードだと感じてしまいます。東洋のエピソードでは賢人は、そういうたたずまいとして描かれているでしょう。

例えば、中国南宗禅を開いた慧能《えのう》注19という人。慧能は中国ではもっとも有名な禅僧の一人ですが、この人はもともと薪を背負ったり釜の湯を沸したりする雑役僧でした。そして無学だったとも書かれています。無学だったというのはたぶん本当ではないと思いますが、慧能が低い身分の雑役僧だったというのは本当でしょう。慧能は出家して弘忍《こうにん》注20という先生のもとに弟子入りするのですが、身分が低いので先生の講義も教室では聞けません。だから、外から聞いているしかない。

注19（六三八―七一三年）大鑑禅師。漸悟に対して頓悟を説いた。中国禅宗（南宗）の第六祖で、後の五家七宗がその一門から出た。

注20（六〇二―六七五年）大満禅師。中国禅宗の本流になる東山法門を発展させ、中国禅宗発展のもとになった。

一方、慧能の兄弟子に神秀《じんしゅう》注21という人がいました。この神秀は大秀才で、「弘忍の後継ぎは神秀しかいない」と言われていました。ある日、弘忍が「私は年をとったから、これから後継者を決めなければいけない。自らが会得した境地をうまく詩に表せた者を後継者と認める」と言い出しました。そこで神秀は、

身はこれ菩提樹　心は明鏡台の如し
時時に勤めて払拭《ふっしき》し　塵埃《じんあい》を惹《ひ》かしむることなかれ

という詩を書いて出しました。「身体は菩提樹のように、心は明鏡台のように落ち着かせて、常々心の埃を払うように仏の道に勤める」という意味ですね。それに対して慧能は、

菩提もと樹《じゅ》無し　明鏡も亦台に非ず
本来無一物　何れの処にか塵埃を惹かん

注21　（六〇六頃―七〇六年）大通禅師。九四歳で武則天に招かれ、翌年、上京。長安・洛陽の「両京の法主」、武則天、中宗、睿宗「三帝の国師」と呼ばれた。

という詩を寺の廊下に貼り出しました。「菩提樹にはもともと樹などなく、明鏡にも台などない。仏の道は本来無一物なので、埃などたまりようがない」という意味です。これを聞いた弘忍は、すばやく後継の認可を与える書を慧能に与えて、「お前はここにいては危ない。いますぐ荷物をまとめてこの場から逃げろ」と忠告したそうです。「雑役僧が一番優れた悟りを得ていたなんていうことになったら、秀才たちは嫉妬して殺そうとするだろう。そうなる前に逃げてしまえ」というわけですね。これが中国の南宗禅の出発点と言われています。

東洋の賢人のエピソードでは、まず「無学であること」、それから「卑しい仕事をしていること」というのが、重要な要素となっています。かまどを炊く雑役などというのは、シンデレラ（灰かぶり少女）と同じで[注22]、この世の生産活動において自然とのプライマルな境界にもっとも接している人を意味しています。そういう人こそ、賢人になることができる。しかし、概念にとらわれている秀才たちにはそれができない。禅宗の賢人というのはだいたいこういうタイプ

注22　シンデレラ物語の神話的古層については中沢新一『人類最古の哲学――カイエ・ソバージュⅠ』（講談社選書メチエ、二〇〇二年）に詳しい。

です。「寒山拾得図《かんざんじっとく》」で有名な唐代の寒山と拾得の姿を見ても、どう見ても百姓然とした連中ですね。東洋には、そういう人たちが正しい教えを継いでいくという考え方が脈々とあります。これは、インドに行ってもチベットに行っても同じで、僕が先生にしたのはだいたいそのタイプで、どこかハイデッガーっぽいんです。賢人にはみな独特の自然派的な生き様のスタイルというのがあります。それはおそらく、東洋だけではなくて、ギリシアでもヨーロッパでも同じだったのでしょう。

しかし、こうした知性の流れは、長い間忘れ去られてきました。特にプラトンやアリストテレス以後には概念哲学が発達していきますし、キリスト教も次第に原始キリスト教のようなものからトマス・アクィナス[注23]的なスコラの概念体系に変容してしまいました。トマス・アクィナスは人生の最後、死ぬ間際になって、自分の本をゆび差しながら「私のやったことは何の意味もなかった、何の役にも立たなかった、こんなものは無だった」と言って亡くなったというエピソードがありますが、その点では実に偉い人ですね（笑）。

注23　（一二二五頃―一二七四年）『神学大全』で知られる中世を代表するスコラ学の神学者。キリスト教思想とアリストテレス哲学を統合した総合的な体系を構築した。

ピタゴラス的転回とイオニア自然哲学

國分――神秀にあたる人物を古代ギリシアで探すと、僕はピタゴラスみたいな人に突き当たるのではないかと思います。ピタゴラスは神秀のように、ものごとをまったく概念的に考えていました。そこから、物そのものよりも数において表される関係のほうが本質的だという認識を得ていますね。そのような認識を彼に与えたのは、和音の解明であったと言われています。ピタゴラスは一弦琴による実験によって、和音が比例関係によって成立していることを発見した[注24]。つまり音楽も結局は数によって規定された関係にすぎない、と。ここから――初期ギリシア哲学研究者として有名なバーネットの言葉を借りれば――「音楽的な音が数に還元され得るのならば、どうして他の一切のものがそうならないことがあろうか[注25]」となるわけです。ピタゴラスは天体の運行も解明していますが、これも見かけ上は絶えず位置を変えながらも、常に一定している天体の関係を把握

注24　オクターブ（八度和音）が2対1、五度和音が3対2、四度和音が4対3の比例関係にあることをピタゴラスは発見した。（國分）

注25　ジョン・バーネット『初期ギリシア哲学』西川亮訳、以文社、一九七五年、一五五頁。（國分）

したということですよね。
イオニア自然哲学のことを勉強していると、どうもピタゴラスという存在が一つの大きな転換点だったのではないかと感じます。ピタゴラスは、数によって規定される関係こそがものごとの本質であり真の実在だと、つまり、この感覚世界の外側にある、関係としてしかとらえられない世界こそが本質だと考えたからです。そのような考えはイオニア自然哲学にとっては異質です。結局、プラトンもピタゴラスの系譜にあるのではないか。

中沢――ピタゴラス教団[注26]が宇宙の構成の説明原理にした「数と音楽」というのは、その後のヨーロッパ文明の二大礎石ですからね。ヨーロッパではグレゴリオ聖歌のような知的な音楽が発達してきて、それを楽譜に記号で書き残すことができました。そしてそういう音楽は数の秩序と同じ原理で動いている。そういう意味でヨーロッパ文明の二大礎石は数と音楽だと思うのです。

注26　古代ギリシアの哲学者のピタゴラスが南イタリアのクロトンで創設したとされる結社の一種。輪廻転生を信じ、原始共産制を敷いていたと言われる。数学・音楽・哲学の研究を重んじた。

國分——ハイデッガーは、プラトン以来の哲学が前提としてきた、「事実存在」と「本質存在」の区別について語っていました。これを前提としてしまうと、本質のほうを優位において、事実のほうを忘れてしまうということが起こる、と。目の前の自然よりイデアのほうが重視されてしまう。

それに対し、イオニア自然哲学というのは、事実と本質というものを分けないで考えていた。ヘラクレイトスやパルメニデスが[注27]「存在するものは一つだ」と言うのは[注28]、特に小難しいことを言っているわけではなくて、「二つではなくて一つだ」ということでしょう。現にあるこの世界の外側に本質的なイデア界みたいなものがあるのではなくて、いまここ、まさに、このかまどの中に神々がいるのだ、と。そうした自然観をどうやって取り戻すかというところで、ハイデッガーはすごく悪戦苦闘したのだろうと思います。ならば、プラトンよりも前に、まずはその自然観の転換をもたらした「ピタゴラス的転回」の意味を考える必要がある。

ピタゴラスには本当にいろいろな遍歴があって、政治的に一回、

注27　それまでの自然哲学者がものの本質が水である、火であるという捉え方をしたのに対し、ヘラクレイトスは万物流転、パルメニデスは不生不滅を説き、それ以後の原子論などを生むもとになったと言える。

注28　ヘラクレイトス「結びつき——それは全体であって全体ではない。一体化していながら分裂している。調子が揃っていながら不揃いである。そして、万物から一が生じ、一から万物が生じる」(断片一〇、『ソクラテス以前哲学者断片集』第1分冊、岩波書店、内山勝利ほか訳、一九九六年、三一一頁)。
パルメニデス「語られるべき道として、なお残されているのはただ一つ——すなわち（あるものは）あるということ。この道には非常に多くのしるしがある。すなわちいわく、あるものは不生にして不滅であること。なぜならば、それは姿完全にし

挫折しているんですよね。サモス島で親友のポリュクラテス[注29]とともに政治改革をして、これが成功する。ところが、ポリュクラテスが僭主《ティラノス》になってしまい、絶望したピタゴラスはサモス島を去る。これが三〇歳のときと言われています。その後、伝承によれば三〇年ぐらい放浪している。エジプトやペルシア、中央アジアなどを訪れたと言われていて、インドまで行ったという話もあります。[注30]

中沢―実際にインドに行った可能性はあるんじゃないかな。少なくともエジプトには滞在して勉強していますね。

國分―たしかに、ピタゴラスは「輪廻転生」の考え方を取り入れていて、犬が吠えるのを聞いて死んだ友人の声だと分かったから飼い主にその犬を打たないように頼んだ、というエピソードも残っています。[注31]

中沢―当時は、インド哲学者もギリシアにたくさん来ていたようで

て揺るがず、また終わりなきものであるから。またそれはあったことなく、あるだろうこともない。今あるのである――一挙にすべて」(断片八、『ソクラテス以前哲学者断片集』第2分冊、八六頁)。(國分)

注29 (在位：紀元前五三八頃―紀元前五二二年頃) ポリュクラテス、もしくはポリュクラテースとも。戦に強く最新鋭の船団で多くの島を攻略、支配し、エジプトのアマシス二世やナクソス島の僭主リュグダミスと同盟を結んだ。エウパリノス地下導水路、ヘーラー神殿の建築でも知られる。

注30 その後、ピタゴラスは六〇歳の頃、南イタリアのクロトンで、厳格な規律を持った禁欲主義的な教団を設立する。この教団はかつて失敗したサモス島での試みの再現としてとらえられるかもしれない。教団で

す。その頃のインド哲学者には、仏教僧も多くて、リグ・ヴェーダ[注32]の知識を持っている人たちもギリシアには多数出入りしていたみたいです。

國分──ピタゴラスは放浪先でイオニア自然哲学にはなかったような考え方を仕入れてきて、それに「数こそが世界の実在である」という自身の思想を接ぎ木して、プラトニズムの原型になるような考え方をつくり上げたのではないかと思います。アリストテレスも『形而上学』[注33]の中で、プラトンが多くの点でピタゴラス教団の哲学に従っていたこと、そして彼らの哲学がイオニア自然哲学者たち（「フィシオロゴイ＝自然を語る者」）とは別の原理を採用していることを指摘しています。[注34]

他方、現存するヘラクレイトスの言葉というのは大変少ないわけですが、その中でも彼はピタゴラスについて「やつは博学だけれども、あんなものはごまかしの知識だ」と腐しています。[注35] ヘラクレイトスにはピタゴラス的なものにどう抵抗するかという問題意識が強

はピタゴラスの教えは絶対であった。つまり自由はなかった。しかし自由を抑圧することによって、教団は絶対的な平等を確立していた。プラトンはピタゴラスの教団を視察している。おそらく彼が『国家』で描いた理想国家における哲人王の支配のモデルは、このピタゴラスの教団である。

中沢さんは、『人類最古の哲学――カイエ・ソバージュⅠ』（講談社選書メチエ、二〇〇二年）で、この教団の興味深い掟「ソラ豆を食べてはならない」を分析している（第二章）。是非とも参照されたい。（國分）

注31　ジョン・バーネット『初期ギリシア哲学』西川亮訳、以文社、一九七五年、一二六頁。（國分）

注32　ヴェーダとはもともと知識の意。紀元前一〇〇〇年頃から紀元前

烈にあったと思います。そしてそれは現在の課題でもある。「原発に対置されるべき原理」と言ったときにも、僕は、ヘラクレイトスなんかが描こうとした「自然《フュシス》」のことを考えていて、まずはそれをうまく概念化し、イメージすることができないかと思っているんです。

中沢—グリーンアクティブがやろうとしているのは、まさにそれだね！　僕たちは、「何を現代に復活させなければいけないか」ということを自覚しながら運動しようとしています。そのことはギリシア哲学の場合だと、ピタゴラスやプラトン以前の地層に宿っている思想です。この地層はどこまで拡がりどこにつながっていくのか。

　もともと現生人類は一つです。その人類が拡がっていった経路を考えていくと、まずアフリカで発生して、それがいまのイエメンに渡って、そこから海岸沿いに北上して、いまのイラクとかシリアに定住します。あるいは、北のコーカサスのアルメニアあたりに定住する。さらにそれが東西に分かれていったという長い歴史がありま

五〇〇年頃にかけてインドで編纂された。

注33　アリストテレス『形而上学』上・下、出隆訳、岩波文庫、一九五九、一九六一年。

注34　プラトンの哲学は「多くの点でイタリアの徒（ピタゴラス教団）の哲学に従っていた」。「ピタゴラスの徒たちは、あのピュシスを論じる人たちよりもはるかに異国風な原理や構成要素を採用している」（アリストテレス『形而上学』第一巻第六章［987a29］、第八章［989b29］）。（國分）

注35　「博学は真の智を教えはしない。そうでなかったら、ヘシオドスにもピタゴラスにも、さらにクセノファネスやヘカタイオスにも教えたであろうから」（断片四〇、『ソクラテス以前哲学者断片集』第1分冊、

す。

そういう移住の歴史がありますから、ユーラシア全域の文化にはある種の共通性が見られることになります。ヨーロッパ最古の文明であるミノア文明についてはそれが牛の文明であったことについては前回もお話ししましたが、それは後々の「ディオニュソスの祭礼」としてギリシアに残っていくことになります。ディオニュソスの祭りで生贄になる重要な動物もまた、牛なんですね。ディオニュソス神は「異邦の神」などと言われていますが、実は、あれは異邦ではなくて、むしろもともとギリシア世界の土台にいた神だった。

そういうことを考えると、インドの「シヴァ」とギリシアの「ディオニュソス」というのが、埋葬される以前の古い文明の共通する磁場を示すことになります。インドに向かった人類とヨーロッパに向かった人類はおおもとは同じなのです。ヨーロッパではディオニュソス的な自然文明の埋葬がなされます。しかし、インドでは、この自然神の巨大な世界を埋葬しなかった、できなかったと言ったほうがいいかもしれません。それくらい、ドラヴィダ人[注36]の文明は強大

三三〇頁)。

「ムネサルコスの子のピュタゴラスは、すべての人間たちのなかで最もよく研究に励んだ。そしてその書物を抜粋して、自前の智なるものを案出した。それはしかし、ただの博学であり欺瞞である」(断片一二九、同前、三四八頁)。(國分)

注36　紀元前一五〇〇年頃のアーリア人の移住以前の古代からインドに定住していたと考えられる民族。

でした。
インドでは、こういう自然観を組み込んだインド文明が形成されていきましたが、ヨーロッパの場合は、ピタゴラスやプラトンの時代からはじまるギリシアの、いわば「ポリス＝シティライフの哲学」がそれを抑圧した。しかし、それは完全には死んでいないから、野生の宗教、奴隷と子供、女の宗教としてディオニュソス祭祀という形で残ることになった。ある意味では、没落しかかった自然宗教の世界の残存としてディオニュソス祭祀はあったと言えるでしょう。ニーチェという人は実に偉い人で、古典の中からそういうことをきちんと見抜いた。もしニーチェがいまの考古学の知見を知っていたら、『悲劇の誕生』[注37]はもっと面白い本になっていたでしょう。

國分――ハイデッガーは古代ギリシアについての多くをニーチェから学んでいますよね。ハイデッガーがなぜ古代ギリシアのことをあんなにたくさん知っていたかといったら、ニーチェをすごく熱心に読んでいたということがまずあると思います。

注37　フリードリッヒ・ニーチェ『悲劇の誕生』秋山英夫訳、岩波文庫、一九六六年。造形芸術をアポロン、音楽芸術をディオニュソスによって代表させ、両者の性質をあわせ持った最高の芸術形態として、悲劇（劇文学）を挙げる。

先ほどヘラクレイトスの話をしましたが、実際には彼らの言葉は断片しか残っていないので、本当のところはよく分からない。そういうときに、ハイデッガーの読み方というのは、強引なんですが大変面白いし、魅力的です。例えば『ヘラクレイトス』講義の中でハイデッガーは、ある一つの断片に異常にこだわっている。

「決して没することのないものを前にして、どうして人は身をくらますことができるだろうか」（断章一六）

というのがそれなんですが、ハイデッガーはこのヘラクレイトスの断片を非常に面白い仕方で読み替えていきます。まず「決して没することのないもの」を「決して没しないこと」と言い換える。さらにそれを、「立て続けに、言い換えれば不断に立ち現れること」であると読み替える。これをもとにして、「不断に立ち現れること」とはギリシア語で「フュエスタイ」、つまり「フュシス」のことだと言って、この断片を「自然《フュシス》」についての断片として扱いはじめる

わけです。[注38]

ハイデッガーがヘラクレイトスのこの断片にこだわったというのはすごく面白いことだと思います。つまり、「フュシスから身を隠せない」ということは「フュシスの中にいるしかないし、フュシスは無限だから外部がない」ということです。だから、いま現在私たちを取り巻いているこの自然の中で人間がどうやって生きるかを考えるべきだということになる。これは強引なところもあると思うんですけれど、パズルのピースが二、三個しかないときにもともとのパズルの絵が何だったかを想像するやり方としては、非常に魅力的なものだと思います。

幾何学と数学の起源

國分——僕はいま、イオニア自然哲学にも大変関心があるのですが、ここでやはり自分の専門のスピノザのことを考えます。スピノザが「神即自然」と言ったのは非常にイオニア的な発想だと思うんです。

注38 「我々は「いまだかつて没することの全くないもの」という表現を平滑にして、その代わりに次のように言い得る。すなわち、「決して没しないこと」と。この翻訳は、その後をもう一度変化させて次のように言うことをほとんど自然に思いつかせる。すなわち、「立て続けに、言い換えれば不断に立ち現れること」と。なぜなら、決して没することではないところのものとは、なんといっても立て続けに立ち現れることであらざるを得ないからである」(『ヘラクレイトス』九九頁)。ハイデッガーによれば、この「立ち現れること」をギリシア語ではヘー・ピュシスと言い換えられる。そこからピュシスは次のように規定される。「ピュシスとは、その内部においてあらかじめ大地と天空、海と山脈、樹木と動物、人間と神とが立ち現れ、かつ立ち現れるものとしてそのような仕方で自らを示しているとこ

スピノザは「可能性」を認めない。神すなわち自然の中には必然性という法則が働いていて、そこには外部はない、つまりそれを逃れることはできない。だから、その必然性の中でどうやって生きていくかを考えていかなければならない。

近代的な「自由」の概念というのは必然性を免れるという意味での自由、つまり「free from～」という意味での自由ですよね。ところが、スピノザの言う「自由」というのは必然性と対立しないんです。スピノザにとって自由と対立するのは「強制」です[注39]。どういうことかと言うと、普段、人間は周囲から様々なことを強制されて生きている。だから、自分の精神や身体を貫いている法則を活かすことができずにいる。しかしもしも自分を貫いている法則すなわち必然性を発見し、これに従って生きていくことができるようになれば、人間は自由になれる。自分の本性の必然性に沿って生きていくことができる。これが——スピノザの用語で言えば——コナトゥスに従って生きるということです。

『エチカ』は一見すると個人主義的な本のようにも思えてしまう

ろのものであり（…）」（一〇一頁）。これに続いてハイデッガーが、現代の自然科学はそのようなピュシスを経験せず、それを「化学的なプロセス」として見てしまうと指摘していることも付け加えておきたい。（國分）

注39　「自己の本性の必然性のみによって存在し・自己自身のみによって行動に決定されるものは自由であると言われる。これに反してある一定の様式において存在し・作用するように他から決定されるものは必然的である、あるいはむしろ強制されると言われる」（スピノザ『エチカ』第一部定義七〔傍点は引用者〕）。（國分）

のですが、実際はそんなことはなくて、スピノザの自然観そのものが人間の生き方の基礎として提示されている本だと思います。自然を一つの必然性として描き出した上で、人間の自由とは、一人ひとりの精神・身体を貫いている必然性の法則を発見し、それに従って生きることにこそ存すると主張するわけですから。

スピノザを研究していていつも不思議なのは、『エチカ』の思想はどこから来たのか、ということなんですね。スピノザは若いときはデカルトを一生懸命研究していました。僕は『スピノザの方法』[注40]の中では「デカルト哲学を脱構築するとスピノザ哲学になる」というような書き方をしているのですが、しかし、デカルトからそれがやってきたとは思えない。ユダヤ教とかイスラームの宗教から来ているなんて説明もあり得るのかもしれないけれど、僕はむしろ、プラトンによって隠された、西欧のメインストリームには出てこないけれども脈々と続いているイオニア的なもの、その水脈から来たのではないかと思うんです。

たぶん、スピノザのほかにもブルーノとかシェリングとか[注41]、西洋

注40　國分功一郎『スピノザの方法』みすず書房、二〇一一年。

注41　ジョルダーノ・ブルーノ（一五四八—一六〇〇年）ルネサンス期のイタリアの哲学者。著書に『原因と原理と唯一者について』。フリードリッヒ・W・J・シェリング（一七七五—一八五四年）ドイツ観念論を代表する思想家、哲学者。著書に『人間的自由の本質について』。

哲学の中に時折、このイオニア的なものの水脈に気づく人がいて、それが散発的に哲学史の中に現れているのではないか。一九六〇年代以降のフランス現代思想の一部、特にドゥルーズはそれに気がついていた人ではないかと思っているんです。

中沢――そのとおりだと思います。ただ、同時にスピノザがデカルトから受け継いだことの中には幾何学の問題がありました。存在の真理、秩序というのは幾何学で表されるというユークリッド的な思考がスピノザにはあります。それがスピノザの全体系を非常に美しい構築体にしています。それに比べるとシェリングには幾何学がないものですから、シューマンの晩年の音楽みたいに、一種錯乱に近いような自然な思考文体になってしまう。だからスピノザのほうがシェリングに比べると生命力が長くなった。それは、幾何学のおかげだと思います。

それでは幾何学とは一体何なのか。これがやはり面白い問題です。フッサールが問題にしたのも「幾何学というものは一体何なのか」ということですよね。[注42] 幾何学についても考古学的観点からの研究が可能だと僕は思います。幾何学はもともとエジプトで発展しましたが、それは、ナイル川の洪水と関係していると言われるでしょう。ナイル川には毎年、洪水があるので、前の年に線引きして区画した畑も流れてしまう。エジプトの技師たちは洪水で更地になったところに、翌年もう一回測量をして土地を確定していかなければならない。そのために幾何学が発展した。幾何学は決して概念的な構築物ではなかったのですね。大洪水の後に生まれた人間の知的な秩序です。だから「幾何学」はいつもカオスモス[注43]の構造を持つものとして、エジプト人にはイメージされています。

前回の対談で、僕はプラトンの『ティマイオス』の話をしました。あの本は、プラトンがエジプトに行って神官たちから聞いた話に基づいていますが、その神官たちは、「これは自分たちが発見したのではない」と語っています。つまり、あそこに書かれているのは、ずっと前から伝承されてきた発想で、それは実はイオニア自然哲学の源流につながっていく発想でした。

注42　エドムント・フッサール『幾何学の起源　新版』ジャック・デリダ序説、田島節夫ほか訳、青土社、二〇〇三年。

注43　カオス（混沌）とコスモス（秩序）を合わせた造語。

『ティマイオス』という作品が、プラトンの全作品の中にうまい具合に収まらない異質性を抱えているのは、そこに原因があります。ハイデッガーも繰り返し、『ティマイオス』に目配せを送っていますが、そういう生成論的発想を生んだエジプトで幾何学がつくられていきます。エジプトを訪れたピタゴラスは数論を生み出しますが、数論と幾何学、この二つは実は発端が違うのではないかと僕は思っています。数は秘密結社が暗い洞窟の中で音楽とともに発見したものですが、幾何学は陽光ふりそそぐナイル河の河べりで技師たちが発達させたものです。

この数論と幾何学を「代数幾何[注44]」という発想で結合したのがデカルトでした。代数は数を扱うものですが、幾何学は空間の構造を扱う。スピノザの『デカルトの哲学原理[注45]』を読むと、彼はそうしたことに敏感に反応しているという印象を受けます。

近代哲学はいかにして生まれたか。デカルトを出発点に考えると、数論と幾何学を結合したところで近代哲学が生まれたということになります。フッサールは、まさにそこから出発するわけです

注44　いくつかの代数方程式を満たす点の集合を幾何学的に研究する数学の分野の一つ。二〇世紀に入って一新、大きく発展したと言われる。

注45　ベネディクトゥス・デ・スピノザ『デカルトの哲学原理　附・形而上学的思想』畠中尚志訳、岩波文庫、一九五九年。スピノザが生前唯一本名で刊行した本。

ね。ハイデッガーもその上に自分の体系を構築し、新しい自分の哲学をつくっていきます。「数とは何か?」という数論の問題、そして「空間とは何か?」という幾何学の問題は、両方とものすごく深い根源を持っています。

後々、カントがふたたびこれを問題にし、『純粋理性批判』[注46]で空間の構造と数の問題を取り上げていきます。ハイデッガーの中にも、この問題がいつも流れているし、スピノザにとっても、幾何学と数の問題はとてつもなく大きい。國分さんがおっしゃったように、二〇世紀にはドゥルーズが出てきますけれど、ドゥルーズの数学への興味は、後でお話しするニコラ・ブルバキ[注47]という人(というかグループ)の大きな影響のもとにあります。彼らの抱えた問いも「数とは何なのか」「幾何学的空間とは何なのか」、この二つでした。そして、「数論と幾何学を結合したところに何が生まれるか」ということが問題にされていました。特に初期のドゥルーズはほとんど数学者みたいなことをやっていますよね。

注46 イマニュエル・カント『純粋理性批判』上・中・下、篠田英雄訳、岩波文庫、一九六一、一九六二年。

注47 仏若手の数学者集団の筆名。創立メンバーはアンドレ・ヴェイユ、アンリ・カルタン、クロード・シュヴァレー、ジャン・デュドネ、ジャン・デルサルト。他にアレクサンドル・グロタンディークなどが参加。ブルバキの名は新入生をからかうために使われた架空の定理の名前に由来するとも言われる。

國分―ドゥルーズはベルクソンとアインシュタインの論争[注48]の話などもしていますしね。

中沢―それも空間の話なんです。アインシュタインは時間を空間に組み込んで四次元にして数学的には同じに扱った。つまり、時間を空間化してしまった。ベルクソンが批判していたのはそのことです。ヨーロッパ科学の根源をたどっていくと、僕らはハイデッガーが直感していた何かに必ずたどり着きます。ところが、現代の科学はそういう問いかけを切り捨てて、形而上学になってしまっています。その形而上学的な科学の象徴として核技術の体系が出現している。これに対置する原理を考えるためには、僕ら自身がハイデッガーになるしかないのです。これにはいろいろなやり方があって、國分さんは哲学のやり方をするだろうし、僕はニソの杜のようなところから入っていこうとしています。

注48　ベルクソンのアインシュタインについての論考は「持続と同時性」(『笑い 持続と同時性』ベルグソン全集3、鈴木力衛ほか訳、白水社、二〇〇一年に収録)。ジル・ドゥルーズ『ベルクソンの哲学』宇波彰訳、法政大学出版局、一九七四年、第四章も参照のこと。

自然の脱構築不可能性

中沢──先ほどハイデッガーが『ヘラクレイトス』講義で、一見強引な読みをしているようにも見えるという話がありました。実は、日本でこれによく似た読みをするのは折口信夫です。折口の古典解釈を読むと、ある意味では「え、そんなのどこに証拠《エビデンス》があるの?」というようなことが次々に書かれているんですが、それが多くの場合ドンピシャであたっているんです。ハイデッガー的な言い方をすると、折口は資料を「一瞥《いちべつ》」するんですね。ちらっと見てその資料の呼びかけが分かるのです。折口はすごいことを大胆不敵に言い放って、しかも引用文献をつけないんです(笑)。一説には「折口は実際には膨大な文献を読んだあげく、ダンディズムで引用文献なんかつけないんだ」とも言われていますが、僕はそうではなくて、本当に一瞥してああいう視点を獲得しているのだと思うのです。ハイデッガーと折口は大変よく似た存在地層に触れています。

國分―それで思い出したのですが、柄谷行人さんが『新潮』で「哲学の起源」[注49]というイオニア哲学についての論文を連載していましたね。大変面白く読みました。柄谷さんの解釈にも、ぱっと見て何か「分かっている」という感じがあります。強力なストーリーがつくられていて、すごく説得的なんです。

中沢―柄谷さんも一瞥の人ですからね。そんなに資料をたくさん集めなくたって、分かる人には分かる。たぶんそれは、「自然」の問題がもともと柄谷さんの中にあったからだと思います。そのことは柄谷さんの最初の夏目漱石論（「意識と自然」[注50]）の中にすでにはっきり現れているでしょう。人間は最初に自分が理解してとらえた世界の地層を、繰り返し繰り返し取り上げて、考え直す生き物です。本当の知的営為とはそういうものではないでしょうか。

「繰り返し」をおこなう哲学者こそ、真実の哲学者なのだと思います。そして、その「繰り返し」を可能にするのは「自然」です。概念の構築体系をつくるのが得意な、神秀的な秀才にはプログラム

注49　『新潮』二〇一一年七月号―一二月号（全六回）。後に『哲学の起源』（岩波書店、二〇一二年）として単行本化。

注50　柄谷行人「意識と自然」第一二回群像新人文学賞、一九六九年（『漱石論集成　増補』平凡社ライブラリー、二〇〇一年に収録）。

はあるけれど、そのプログラムはいつか完結してしまいます。だから、「繰り返し」ができない。ところが、「自然」に触れている人間は常に不完全性を抱えています。そのたびに反復を強いられる。と同時に、それが構築の原動力になっていく。後期のハイデッガーもやはりそうで、同一主題へ繰り返し、繰り返し立ち返っていく。それが可能だったのは、やはり彼が「自然」に触れているからです。

國分——デリダが晩年、「脱構築可能性」と「脱構築不可能性」ということを問題にしていて、僕が聞いていた授業でポロッと「これは自然ですから脱構築できません」と言ったことがあります。デリダにおける「自然」の問題というのはあまり論じられていませんが、僕はそこにすごく関心を持っています。「自然だから脱構築できない」っていうのは、思ったほど簡単なことじゃない。それは、いま中沢さんがおっしゃったこととつながるように思います。

中沢——デリダという人も、自分の一瞥した直感に執着し続けた人ですね。晩年になると、デリダは贈与のことばかり語っています。贈与性の世界というのは、ニソの杜に象徴されるような世界観ですが、それをイオニア的自然観と言ってもいいし、もっと広大な、ユーラシア全域に拡がっていた人類の根源的な哲学と言ってもいいでしょう。それに繰り返し戻っていく。

ラスコー壁画と芸術の起源

國分――前回の対談で僕は自著の『暇と退屈の倫理学』で主張した「人間は暇になったから芸術をはじめた」という説は十分ではなかったと言いました。もちろん、暇になったから芸術をはじめたという側面もゼロではないと思いますが、それだと定住革命以前には芸術はなかったことになってしまいます。しかし、実際にはラスコーの壁画のようにたくさんあるわけですよね。

この前、石川直樹[注51]さんと対談する機会があったんですが[注52]、そこで石川さんからラスコーについていろいろなお話を伺いました。彼は

注51　（一九七七―）探検家・写真家。写真集に『NEW DIMENSION』（赤々舎）『POLAR』（リトルモア）、著書に『最後の冒険家』（集英社）など。作家・石川淳の孫。

注52　國分功一郎・石川直樹「遊動生活者の欲望論」『kotoba』二〇一二年夏号、集英社。

『青春と読書』[注53]に「原初への旅　先史時代の壁画をめぐる」という洞窟壁画についての連載もしています。それを読んですごく面白かったのは、壁画というのは非常に過酷な条件で描かれているということです。洞窟壁画って先史時代の人が退屈してアクビでもしながら落書きしたもののように思われることがありますが、全然そうじゃない。ラスコー壁画は、人一人がやっと入れるような、ものすごく狭い通路の竪穴のところ、ロープがないと描けないようなところに描かれているんですよね。

中沢——シャーマンがペニスを立てている有名な絵がありますね。あれは竪穴のところに紐でぶらさがって描いたと言われています。

國分——つまり命をかけてまで壁画を描くというほとんど不可解な情熱によって描かれている。あの情熱というのはもはや人に何かを見せたいという情熱とは違うような気がするんです。身体をよじって入っていかないと見られないような場所にわざわざ描いているわけ

注53　集英社が発行する文芸・歴史誌。読書に関する情報を紹介。毎月二〇日発刊。

ですから。そうすると、他人に見せるということは、ある意味では芸術とは無関係ではないかとすら思えてきて、すごく考えさせられました。

中沢―ラスコーの洞窟壁画は、他人に見せるものではないという面と、でも他人のためにある、という両方の側面があるように思います。実際に、絵が描かれている洞窟では儀式がおこなわれていたんですね。おそらく豊穣のための儀式でしょう。六万〜七万年前から存在する人類の古い儀式はだいたいが豊穣に関わっています。「カイエ・ソバージュ」でも書きましたが[注54]、それは、砂に女性の姿を描いたり、動物の姿を描いたりするものです。その豊穣儀礼はほとんど男性秘密結社でおこなわれ、女性は入ることができませんでした。現代社会は資本の増殖にとりつかれていて、その主題が変わりばえもしないエンタテイメントを際限なく生み出している。結局人類は同じことをやっているのですよ。

僕もラスコーの洞窟の入り口あたりを歩いたことがありますが、

注54　詳細は、中沢新一『愛と経済のロゴス――カイエ・ソバージュⅢ』（講談社選書メチエ、二〇〇三年）を参照。

すごく分かりにくい場所にありますよね。地下洞窟がそういうところにあるから、結果的に分かりにくい場所になったということでもなくて、「わざわざ分かりにくくしているな」という印象を受けます。だから、壁画のある洞窟って偶然にしか発見されないんですすね。

國分――だいたい子供が発見する。

中沢――そう、子供や犬がもぐりこんで見つけるんです（笑）。例えば、オーストラリアの豊穣儀礼を見ても、男の秘密結社でおこなっています。その儀式の主題となっているのが女、つまり「生む力」です。オーストラリアではそれが「クナピピ」と呼ばれていますが、女の生む力は、根源的な生成力、いわゆる「存在の生起」の原型になるものです。だから、豊穣儀式の絵はだいたい女性や動物の形で描かれることが多いんですね。

洞窟の中で生まれるものは壁画だけではありません。音楽もまたそこから生まれました。洞窟の中で音を発していると「倍音」[注55]が出てきます。人類の脳はその倍音が一オクターブ隔てた「同じ音」と認識します。そしてそこからのずれを求めはじめる。オクターブ音を繰り返しているうちに音楽で言う「完全五度」という音も出てくる。ドレミファソの「ソ」の音が出てきて、これが壁に反響して、和音の感覚をつくる。だから洞窟内でおこなわれた儀式、そこで発せられた声や音が音楽の発生と関係しているのではないかと言われています。

芸術は人類の歴史の中で突然発生します。ラスコー壁画は紀元前一万五〇〇〇年、ショーヴェ洞窟の壁画は紀元前三万二〇〇〇年頃と言われていますが、もっと深い時代まで遡ることができると思います。ショーヴェ洞窟の壁画がいまのところ発見されている人類最古のものなのは、おそらく他の多くの洞窟が地中海などの海に水没してしまったからです。現在、水中考古学が発達しはじめていて、海底の洞窟の発掘がこれから進んでいくでしょうが、そうするともっと古い時代の壁画が出てくることになると思います。いずれにせ

注55　基音の周波数に対して二以上の整数倍の周波数を持つ音の成分。

よ、芸術の発生は突然なんです。この問題は「カイエ・ソバージュ」や『芸術人類学』[注56]の中でも扱いましたが、おそらく、人類の脳構造の変化に起因しているだろうと思います。

具体的には、アフリカに私たちの直接の先祖である人類、ホモサピエンス・サピエンス[注57]が生まれたときに、脳の構造にこれまでの人類、ネアンデルタール人[注58]とは決定的な違いが生じたということです。ネアンデルタール人はすでに言語を用いることができましたが、現生人類のように複雑な象徴的思考をおこなうことはできませんでした。認知考古学[注59]の知見によれば、ネアンデルタール人の脳は、いくつもの小部屋に分かれて設置されたコンピューターが、それぞれ独立して作動しているようなものでした。しかし、その各部屋には連絡通路がないために、お互いの思考を横断的に結びつけることができませんでした。だから、旧人類（ネアンデルタール人）はすでに高度な技術的達成を実現しながらも、芸術をつくり出すことはありませんでした。

これに対して、新人類（ホモサピエンス・サピエンス）は大脳の内部の

註56　中沢新一『芸術人類学』みすず書房、二〇〇六年。

注57　生物学上の分類で言うところのヒト、現生人類はすべてホモサピエンス・サピエンスに分類される。

注58　ホモ・ネアンデルターレンシス、二〇万年前頃出現し、二万数千年前に絶滅したヒト属の一種でヨーロッパから南アジアにかけて生息、旧石器時代の石器をつくり、火を使用した。

注59　ヒトの心的活動の基盤が生物学的進化の過程で形成されてきたと考える進化心理学の知見も援用し、遺物・遺跡の分析から古代人の精神状態を解明しようとする新しい研究分野。スティーヴン・ミズン『心の先史時代』（松浦俊輔、牧野美佐緒訳、青土社、一九九八年）などを参照のこと。

ニューロンの構造に革命的な変化が起こることによって、お互いの小部屋の間に連絡通路（ネットワーク）が開かれました。言いかえると、これは新人類の脳の中に、異なったものをお互いに結びつける能力――つまり、「喩《ゆ》」の構造、あるいはアナロジーの構造――が芽生えたということです。例えば、先ほどの洞窟の中で発生した音楽を例にして考えてみましょう。そもそも「喩」の構造がないと音楽をつくることは不可能です。一オクターブ違う音が、それでも「同じ」だと発見できるということ、五音がズレているけれど、体系の中では「同一」のものだと言えるということ、この「差異」と「同一性」を同時に見る「喩」の能力がなければ音楽の快感は生まれません。

これは音楽だけではなくて、言語芸術を考えてもそうです。現在まで残っている言語芸術の中で、もっとも古いものは何かと考えてみると、実は「なぞなぞ」です。なぞなぞというのはかつてはタブーの言語芸術で、普段は唱えてはいけないものでした。なぞなぞを唱えていいのは、人が死んだとき、つまり通夜のときでした。このことはいろいろな伝承を見てみるとはっきり分かります。例えば、ギリシア悲劇の「オイディプス王」[注60]に出てくるスフィンクスの謎かけに、「朝には四つ足、昼には二つ足、夜は三つ足で歩くものは何か？」というものがあります。あれはおそらくエジプト経由の伝承で、ものすごく古い起源を持っています。スフィンクスの問いの答えは「人間」でしたが、そこで問われる「謎」とはそもそもなんでしょうか。なぞなぞの特徴は、それが二つの意味領域をくっつけてしまう構造をしているということです。つまり、二つの意味領域をくっつけるということは、「同じだけど違う」という差異と同一性を発見する能力に基づいています。

ジェームズ・ジョイスの作品『フィネガンズ・ウェイク』[注61]（Finnegans Wake）は、こういう芸術の起源について実によく分かった上で書かれている作品です。そもそもウェイク（Wake）というのは「通夜」なので、この作品のもともとの意味は「フィネガンのお通夜祭り」でしょう。『フィネガンズ・ウェイク』はケルト伝承をもとにして書かれていますが、すべてなぞなぞの構造で、つまり

注60　ソポクレス『オイディプス王』藤沢令夫訳、岩波文庫、一九六七年。

注61　ジェームズ・ジョイス『フィネガンズ・ウェイク』三分冊、柳瀬尚紀訳、河出文庫、二〇〇四年。

比喩をつなぎ合わせることによってつくられているんですね。『フィネガンズ・ウェイク』は、ハイデッガーと同じように、芸術の根源に還ろうとした作品です。このように、アヴァンギャルド文学と呼ばれているものの中には、いわば「先史《プレヒストリアン》の文学」と呼べるものがある。

二一世紀の自然哲学

中沢――今度出す『野生の科学』[注62]という本に収めた文章で、僕は「層」という新しい数の概念を探ってみたのですよ。これは「カテゴリー（圏）」というこれも新しい数学のジャンルに関係していて、集合論のパラドクスにこだわらないで、自然な態度でも数学ができますよ、という可能性を開いている、とてもすてきな考え方です。森田真生くんという友人の若い数学者は「自然計算」という考え方を研究していますが、これもアルゴリズムという知的な操作を自然過程になめらかにつないでいこうという試みです。数学ではい

注62　中沢新一『野生の科学』講談社、二〇一二年。

またしかに「自然化」の動きがはじまっていて、ゲーデル[注63]などが活躍していた一九三〇年代とは違った展開を見せはじめています。二一世紀以後の人類の知性は間違いなくこの「自然化」のほうに向かっていくと予想されます。

國分―それはつまり、イオニア的自然哲学とピタゴラス的数学というものが対立しないということですよね。

中沢―ただ、それは数学のかなり先端部でやられていることなので、なかなか分からないんです。そもそもやっている数学者自体が、自分たちが何を発見しつつあるのかということの意味に気づいていないことも多い。数学者でも、実際、それをつくったグロタンディーク[注64]や岡潔[注65]のような人以外はあまりそのことを意識していない。でも、僕から見ると、「これはすごい、デカルト哲学とイオニア自然哲学を結合しようとしているじゃないか」と感じるわけです。

注63 （一九〇六―一九七八年）数学者・論理学者。一九四〇年頃にはナチス・ドイツを逃れてアメリカ合衆国に移住、アインシュタインとも交流。

注64 （一九二八―）フランスの数学者。スキーム論によって代数幾何学を一新し、ホモロジー代数と圏論などによって数学全体にも影響を与えた。著書に『数学者の孤独な冒険』など。

注65 （一九〇一―一九七八年）数学者。現代数学の分野での大きな業績のほか、『春宵十話』などの随筆、小林秀雄との対談『対話――人間の建設』でも知られる。

國分──ハイデッガーが言っていたことですが、「人為と自然」という意味で対比された「自然」というのは新しい自然概念であって、もともとはそのような対立自体を包含するようなものが「自然《フュシス》」だった。[注66] イオニアの「自然科学」とか「自然哲学」と言われますが、別に「人文系」と「理科系」なんて分けてないんですよね。アナクシマンドロスの断片もそうです。自然科学的、自然哲学的だけれども、同時にそこから「倫理学」が出てくるような、そういう哲学なんですね。

中沢──そもそも、「マティマティックス（**数学**）」の「マテシス[注67]（**Mathesis**）」というのが「こんがらがったことを言わない」という程度の言葉で、ほとんどロゴスと同じ意味なんだもの。

國分──ドゥルーズが晩年、マルクス論（**『マルクスの偉大さ』**）を書くと言っていたことはよく知られていますが、もう一つ、ガダリと一緒に新しい自然哲学の本を書きたいとも言っていました。[注68] それが最後

注66　マルティン・ハイデッガー「ピュシスの本質と概念について」『道標』ハイデッガー全集第9巻、辻村公一・ハルトムート・ブフナー訳、創文社、二九三―二九五頁。（國分）

注67　数学の語源。「代数学を普遍的方法とする」、「人為的な記号の体系」を表す古代ギリシア語。フーコーは『言葉と物』第三章「表象すること」で「複雑な自然の秩序付け」「分節化と分類階級」を扱うタクシノミア（taxinomia）を、事物の「系列」を対象に「経験的なものの列から出発して、いかに秩序が発生するか」を扱う発生論と対比させている。

注68　ドゥルーズ『記号と事件 改訂新装版』河出書房新社、一九九六年、二五九頁。（國分）

の本になるはずだったのですが、結局両方とも書くことができずにそのまま死んでしまった。僕はその計画を自分なりに受け継いで、新しい自然哲学をつくっていかなければいけないと思っています。

中沢―僕らはやはり、ドゥルーズ＝ガダリの後に生まれた人間として何をしなければいけないかを真剣に考えていかなくてはね。彼らが着想した自然哲学をつくり上げていくこと、それには現代数学の中で起きている革命の意味をはっきりとつかみ出すということが必要です。それは量子力学の中ではすでに起こっていたことですが、いま数学で起きていることのほうが量子力学よりはるかにスパンが広大です。

國分―「自然哲学」という言葉はいま、ほとんど使われないし、何の内容もなくなってしまっていますが、もう一度定義し直してみたらいいと思います。いわゆる自然を考える哲学でもあり、本性を考える哲学でもあり、「自然《フュシス》」とは何かを考える哲学でもある、そうした広い意味での自然哲学の再構築をしなければいけないでしょうね。

祝島モジュールと群島モデル

國分――この前、絓秀実[注69]さんとお話しする機会があり、非常に興味深いことをおっしゃっていました。絓さんが言っていたのは、「当面のところ原発は再稼働されるだろうけど、長期的には日本には原発はなくなる。ただ、これから新興国、第三世界で原発が増えていくことになる。だから、もう少し世界的な脱原発の動きを考えていかなければいけない」と。傾聴すべき意見だと思いました。

中沢――僕も同じことを考えています。長期的には原発はなくなるでしょう。この後の再稼働も永続的なものではないでしょう。いまの経団連の人たちはまだまだ原発を推進したいと思っているかもしれませんが、経済界の中でも脱原発の考えを持つ人は意外と多くなっ

注69 （一九四九―）文芸評論家、近畿大学国際人文科学研究所教授。著書に『革命的な、あまりに革命的な』、『1968年』など多数。

てきていますからね。そちらに向かっていったほうがメリットになると見抜いている。

國分――経済的な効率の観点から見れば脱原発にならざるを得ないという立場もありますしね。

中沢――日本が長期的には脱原発に向かっていても、中国がこれから七〇基つくると言っています。中国は原発を沿海部につくるでしょうから、日本だけ脱原発しても問題が解決するわけではありません。そこらへんのことまで射程に入れた脱原発でないと、すぐに大衆に見抜かれてしまいます。だから僕はもう少し長いスパンで考えているのです。そのための一歩として、イオニア自然哲学的な思考を復活させていくんです。それを具体的にやっていくには小さな場所からおこなうほかありません。

ニソの杜に行ったときに、ニソの杜の管理者で原発で働いていたという元漁師のおじさんに会いました。最初は「お前ら、何をやってるんだ」みたいな感じだったんですけど、話をしていくうちに「そうなんや。大飯でも、いろんなことを言うやつがおるけど、半分以上は反対やで。ただ、根性ないから言わんのや」と言っていました。「おっちゃんは、言わないんですか」と聞いたら「俺もなぁ、いくじないからなぁ」って言ってましたけど（笑）。

僕たちは自然エネルギーに基づく新しい経済圏を実際につくろうとしています。それがどういう場所につくられるかと言うと、「橋のないところ」です。例えば、祝島《いわいしま》注70がどうして上関《かみのせき》原発に反対し続けることができたかを考えてみると、周囲の地域から考えると祝島は「鬼の島」と言われるほど異質で、いわば周辺から切断された場所だったというのが大きいと思います。祝島にはこれまで何度も本土との間に橋を通す計画があったのですが、決して橋をつくりませんでした。「橋を通したら自分たちの世界は崩壊する」という危機感がどこかにあったのでしょう。ですから交通手段は一日数回の定期船だけです。それに対して、祝島の隣に周防《すおう》大島という宮本常一が生まれた島があるんですが、こちらは橋を通した。すると、たち

注70　瀬戸内海の海上交通の要衝に位置し古くから栄えた。山口県熊毛郡上関町に属する。対岸の上関町四代田ノ浦地区に中国電力が原子力発電所の建設計画を進めていることに対する反対運動がある。映画『ミツバチの羽音と地球の回転』（鎌仲ひとみ監督、二〇一〇年）を参照。

まちもとの生活は壊れてしまったと言います。おおい町も橋と引き換えに原発をつくったんです。祝島のような橋のない島をネットワーク状につないでいくということをやりたいと思っています。

國分―ヴェネツィアの元市長としても有名なイタリアの哲学者マッシモ・カッチャーリ[注71]は、ちょうど一〇年前に日本に来た際、「群島」について語っていました。[注72]彼には同名の著作もあります。群島というのは、「対立なき区別」や「分離なき区別」の一つのイメージなんですね。グローバル化によって一様にされつつある世界の中では、閉じられているものがネットワークを形成することこそ重要だ、と。いま中沢さんがおっしゃったことは、カッチャーリの「群島」のイメージに重なると思います。

中沢―孤島のネットワークですね。島は「閉じて開く」という状態にあります。連絡船がやって来ると開きますが、それが去っていくとまた閉じる。そういう形で、「閉じて開く」「開いて閉じる」、そ

注71 （一九四四―）哲学者、美学者、下院議員を経てヴェネツィア市長。ネグリに影響を受けたマルクス主義者だったが後に袂を分かつ。著書に『必要なる天使』など。

注72 「マッシモ・カッチャーリに聞くアナロジーの論理学」、「都市の政治哲学をめぐって」『批評空間』（第Ⅲ期第四号）二〇〇二年七月。（國分）

して外からやってくるものを歓待して送り出すわけです。それが僕の言う「祝島モジュール」でして。開いて閉じ、閉じて開くという経済システムをたくさんつくっていって、それをネットワーク状につないでいくということ。これを自分が生きている間に少しでも実現させていきたいと思っています。

國分――いまのユーロ危機でも、結局一つにしてしまったことが問題であるわけですね。[注73] リラとかフランなんかがそれぞれ一つの孤島をなし、それらが集まって群島を形成していれば、危機は最小限に食い止められるけど、一つになってしまうと危機の拡大をおさえきれない。二〇〇九年の政権交代で大規模な粉飾決算が露呈したギリシアの財政問題がユーロ危機の発端であるわけですが、ギリシア国民には「こんなことは戦後に何度もあった」という気分もあるみたいですね。まぁ、それがドラクマ[注74]があった国の強さかなとも思います(笑)。もちろんすさまじい緊縮財政政策がとられていて、国民の生活は大変厳しいわけですが。

注73　この問題については、安冨歩「ユーロ危機と通貨の階層性」(『atプラス』11号、太田出版、二〇一二年)を参照されたい。(國分)

注74　ユーロの導入前、ギリシアで用いられていた通貨単位。古代ギリシアおよびヘレニズム世界で用いられた通貨の単位でもある。

中沢――ドラクマってもともと地域通貨みたいなものじゃないですか（笑）。ギリシアは国民の七〇パーセントが公務員で、ひょっこりひょうたん島みたいな世界でしょう？　ただ、ドイツはしたたかだから、ユーロ不安をかきたてておくと、ユーロ安が続き、輸出商品がたくさん売れるから自分の国にどんどんお金が入ってくる、という操作をやっているわけじゃないですか。そのあたりがドイツの狡猾さで、自分の国だけ豊かになっている。ですから、ドイツはギリシアが離脱すると困る。不安を演出してくれるものも必要です。そういう意味ではスペイン、ギリシア、ポルトガルなどの国々はドイツにとってはすごく大事な存在で。

日本などは、「閉じて開く」「開いて閉じる」という島的な世界の構築にすごく向いた文化風土だと思います。日本の中で形成されたものの考え方というのは、大変に自然哲学的で、ヨーロッパの形而上学とは違うベースが日常生活の中に根付いています。ですから、そこを出発点にすればいいと思うんです。

國分——ポリスだってそうですよね。一つひとつは小さくて閉じているけれど、ソフィストたちはその間をたくさん移動していた。

最近よく思い出すのですが、僕が大学生だった一九九〇年代後半には、「とにかく閉じられているものはいけない。開かれているのがいい」というイデオロギーがものすごく強かったんです。はっきり言って、それが新自由主義的思想の下地になってしまったところがあると思う。でも、いまから考えると「何でも開けばいい」というのはあまりにも安易です。これは「共同体／市場」という粗雑な対立を疑わない非常に単純な思考だったと思う。

いま中沢さんがおっしゃったのは、閉じて開き、開いて閉じるユニットがネットワーク状に拡がっていくイメージですよね。それを群島と言ってもいいし、祝島モジュールと言ってもいい。大変魅力的なヴィジョンだと思います。

（二〇一二年六月七日　明治大学・野生の科学研究所にて）

第Ⅲ章

野生の科学と「不思議の環」

デモと花火大会

中沢——國分さんと続けてきた対話も一応今回で最後になります。[注1]本当は鮎川信夫と吉本隆明の対談[注2]みたいに、いつまでも終わらずに続いていくと面白いんだけど、残念だね（笑）。そういえば、先日、國分さんを官邸前の脱原発デモで見かけたという人がいました。

國分——それはたぶん、大飯《おおい》原発再稼働直前の六月二九日じゃないかと思います。あのときはなぜか「NEWS 23」に取材を受けて、僕のインタビューが放送されたんです。「原発デモについて喋ってくれ」と言われて。でも、僕は特に社会運動の歴史にも詳しくなく、識者でも何でもないのですが（笑）。

中沢——それ見たかったな。

注1　その後、二〇一二年一二月二〇日に急遽追加対談おこなわれ、その内容は本書の第Ⅳ章「どんぐりと民主主義」に収められている。

注2　鮎川信夫（一九二〇—一九八六年）は日本の詩人。吉本隆明（一九二四—二〇一二年）は鮎川らの主催する『荒地詩集』で「荒地新人賞」を受賞し、詩人としてデビュー。その後鮎川が亡くなる一九八〇年代まで膨大な対談を繰り返し、鮎川の死後には七〇〇頁にも及ぶ『鮎川信夫、吉本隆明全対談』（思潮社、一九八九年）が刊行された。

國分――最近、あちこちでデモについて意見を求められるようになったのですが、きっかけは僕がスタジオジブリの『熱風』というPR誌に書いたデモについての文章でした（「パリのデモから考える」[注3]）。それをなんとなく自分のブログに載せたら、ネット上で拡がって、ものすごい大勢の人が読んでくれたんです。一時期は一日に一万六〇〇〇ヒットもありました。

そこに書いたのは、フランスに留学していたときに見ていたパリのデモのことなんです。僕が住んでいたのはパリの東側にあるナシオンという駅の近くで、この駅の広場がパリでおこなわれるほとんどのデモの終着点でした。だから、僕は日曜日になると、しょっちゅう何かしらのデモを見てました。

フランスのデモって、ただ人がダラダラ歩いているだけです。シュプレヒコールしている人もいるけれど、基本的にはぶらぶらしているだけ。フランスではデモのとき大通りが完全に歩行者天国にされるので、屋台とかが並んでいる。そこで買ったサンドイッチとかホットドッグとかをむしゃむしゃ食べながら歩いて、そのゴミは道

注3　國分功一郎「パリのデモから考える」スタジオジブリ小冊子『熱風』二〇一二年二号。全文は著者のブログに再掲。
http://ameblo.jp/philosophysells/entry-11190461401.html

にポイ捨て（笑）。道がゴミだらけになるんですが、その後で清掃の人たちが来て、まるで何も起こらなかったみたいにきれいにしていきます。そういう光景を見ていたから、僕はデモというのは単に人がダラダラ歩くだけのものだと思っていた。

ところが、日本で広く共有されているデモのイメージは僕のと全然違っていて、鋭い問題意識を持った人が集合して全力でシュプレヒコールを挙げるというものらしいのです。まあ学生運動が盛んだった頃にできたイメージでしょうが、デモが盛んになりつつある一方で、デモに参加する人の中には「なんとなくデモに来ている自分は、どこかおかしいのではないか」と悩んでいる人もいるということが分かってきた。

僕はそんなイメージはまったく気にしなくていいと思うんです。デモにはそれぞれ「反戦」とか「反原発」といったメッセージがあります。基本的にそれを訴えることが目的ですが、もっと重要なのは、大量の人間が集まってその存在そのものを見せつけることです。それだけの人が集まると、存在自体がメッセージになる。つまり、「いまは体制に従っているけれども、これからどうなるか分からないからな。お前ら調子に乗るなよ」というメタ・メッセージになる。これが重要なんです。

だから、もちろん鋭い意識や広範な知識があるに越したことはないけれど、別にそんなものがなくても、「何かおかしいな」と思うことがあったら気軽にデモに行けばいい。別にシュプレヒコールなんかしなくていい。そこにいればいい。——そういうことを書いたら、読者の方から「胸のつかえがとれた」「デモに参加する自分を肯定できるようになった」というような感想をものすごいたくさんいただいた。本当に驚くほどの反響でした。テレビの取材もその一環だったんです。これにはびっくりして、「ええ？　みんなデモって一体何だと思ってたの？」という気持ちになりました。僕にとってはただなんとなく歩くのがデモでしたから。

でも、これは、日本社会に生きる人々がこれまで政治運動・社会運動に向かう気持ちを心の中でどれだけ抑圧していたかがよく分かるエピソードです。

中沢──日本のデモの様式は、本当に「様式」です。型がもう決まってしまっているんですね（笑）。僕が学生のときにデモというと、もう「序破急」みたいな……。何か、そういう独特のスタイルがあった。

國分──（笑）

中沢──でも、外国のデモを見ていると、あまり様式がないでしょう。道端までいっぱいに拡がって、みんな勝手なシュプレヒコールを叫んでいる。そういうのを見ていると「やっぱり日本は様式の国なんだな」と感じますよね。安保闘争のときのデモにもはっきりした様式があって、これに対する機動隊も様式的に振る舞っていた。しかも、そういうデモってだんだん組合主導になってくるじゃないですか。組合主導のデモの様式というのが、また気に入らなかったなあ。

國分―たぶん、みんなそれが嫌で、だんだんやらなくなっていったんでしょうね。

中沢―センスが悪いから（笑）。それでセンスのある人たちはデモに行くのが嫌になっちゃった。でも、この間の首相官邸前デモではずいぶん風景が違いましたね。半分くらいが「ファミリー・エリア」[注4]にいて、「どこが一番よく見えるの？」とか会話していて、これはもしかして花火大会なのかなと（笑）。近年のデモの様式の変化には、高円寺の「素人の乱」[注5]のサウンド・デモの影響も大きかったとは思います。

國分―流れている音のリズムや雰囲気もお祭りに近いものでしたね。

中沢―花火大会とデモが接近しているんです。花火代会だと、みんな動かなくていいじゃないですか。デモにおいては「動く」という

注4　関西電力大飯原発三、四号機の再稼働に対して首相官邸前で毎週金曜の一八時〜二〇時の間におこなわれている抗議行動（官邸前デモ）では、家族連れのための「ファミリー・エリア」などの区域も準備されており、一般市民の参加者が多いことが特徴となっている。

注5　高円寺のリサイクルショップ「素人の乱」を中心とする社会運動のネットワークのこと。代表は松本哉。ヒップ・ホップなどの音楽をかけながらおこなわれるサウンド・デモには若者の参加者が多い。

ことは重要な要素ですが、同時に動くと危険性も発生します。歩いていると、押されて警官にぶつかったりして、場合によっては公務執行妨害で逮捕されますからね。でも、花火大会の場合は動かない。動いてくれるのは花火ですから（笑）。集まっているだけで動かなくてよかったというのが、官邸前デモが拡がった大きな要因の一つじゃないかな。

國分——津田大介さんが言っていたんですが、デモに行くとみんな動画を撮っている。今回のデモではそうした動画がYouTubeやUstreamでたくさん流れました。それを見た人たちが、「全然普通の人たちが来ているじゃん」ということに気がついた。これが大きかったのではないかと思います。一面としてはTwitterなどで情報が拡散したということもありますが、官邸前デモではインターネット動画の役割が非常に大きかったのではないでしょうか。

中沢——普通の人を撮っているのがいいんですよね。政治家とかが演説している映像ばかり撮っていたら、みんな引いてしまったんじゃないかと思います。官邸前でマイクを握って演説する人がいるじゃないですか。僕も何度かやってくれって頼まれたんですけど、そのたびに断っていました。このデモはそういうものじゃないんだという気持ちがあったからね。

國分──上の世代の人たちからは「ちょっとデモの行儀がよすぎるんじゃないか」という批判もあるようですけど……。

中沢──行儀がよくないとダメだよ。

國分──僕も本当にそうだと思います。まったく非暴力的なデモ。ゴミも散らかさないし、一八時に集まって二〇時に終わる。また論点も拡散させず、大飯原発再稼働が問題なら、ワン・イッシューということでそれだけを取り上げる。これはまったく新しい様式です。この様式があるからこそ続いているし、いろんな人が来られるんですね。

中沢——行儀はいいんだけど、「俺たち、怒っているよ」という意思表示だけはきちんとできているから、それでいいんだと思います。祝島《いわいしま》でもずっと毎週月曜日にデモをやって[注6]いますが、おばちゃんたちが集まって「エイエイオー」と言って、村の中を歩いていくだけで。でも、それがギネスブック的に続いている。官邸前デモもそういう風になればいいんじゃないでしょうか。

脱原発のロードマップ

中沢——最近のパブリックコメント[注7]を見てもほとんどの人たちが原発ゼロを支持するようになって、官邸前デモやこれまでの様々な運動が果たした役割はやはり大きかったと感じます。ただ、僕は原発の問題はもう次の局面に入っているのだと実感しています。つまり、原発ゼロが支持されているのはいいとして、それでは具体的にどう

注6　祝島の月曜定例デモ。一九八二年に上関原発の建設計画が浮上して以来、およそ三〇年間にわたって毎月曜日におこなわれている。

注7　二〇一二年に政府が新たなエネルギー政策の策定に向けて実施した意見公募（パブリックコメント）に寄せられた国民の意見のうち、九割が「原発ゼロ」を支持していた。

いう風に原発をなくしていくのかという問題です。

國分――脱原発のロードマップが必要ということですね。

中沢――放射性廃棄物をどうするのか、除染の問題をどうするのか。そのことを具体的に僕らが考えていかなければならないでしょう。日本は長い間、アメリカの傘の下で産業の発達と安定を保ってきて、その構図はエネルギー問題においても同様でした。しかし、もうこれからはそのやり方ではダメだということが、はっきり見えてしまっていますからね。

國分――もちろん「脱原発」「反原発」と大きな声を上げていくことは大事です。でも、それと同時に、例えば、電力会社がなぜあそこまで原発に固執するのか、固執せざるを得ないのかを解明しないといけない。もしかしたら、例えば総括原価方式[注8]のような会計システムがその原因の一つかもしれない。ならば、原発をめぐる諸システ

注8　発送電・電力販売に関わる費用を「総括原価」としてコストに反映させ、そこに一定の報酬率を上乗せした金額に基づいて電気料金を算定する方式。すべてのコストが「総括原価」に算定されるので、電力会社が決して赤字を被らないシステムであるとして批判されることも多い。

ムの一つひとつを洗い出し、それらを変えていく方向性をきちんと示し、その上で、原発を何十年かけて、どのようにしてゼロにしていくかを順序立てて考えねばならないということですね。

中沢――飯田哲也さんなどが、「原発はゼロにしなければいけないが、それには時間がかかる」と言うと、「あなたは原発推進派なのか?」と言われてしまうような状況もあります。これがよくないと思うんです。現実問題として、五四基も原発をつくってしまった以上、そんなに一瞬ではなくせませんよ。すぐにはできないということを出発点にしながら、ゼロに向かって最大限努力していくということが大事なのに、その努力をしている人に後ろから鉄砲を撃つようなことは、止めないといけません。

國分――それは強調しておきたいですよね。脱原発の運動に批判的な人は、「脱原発運動には、現実にどうやって原発をなくしていくかという視点がない」ということをよく言います。脱原発運動の中からロードマップを提案していかないといけない。

中沢──反核の運動は日本でも大変長い歴史を持っていますが、これまであまりうまくいってこなかったのは、アンチに安住しているやり方に原因があったと思います。もちろんすべての反核運動がそうだったわけではありませんが、そういうやり方はもう命脈がつきていると思うんです。その意味では、反原発運動自体がいったん解散するくらいの気持ちで、次の段階に入らなければならないと思います。

自然史的過程と弁証法

中沢──僕は、吉本隆明さんが『「反核」異論』[注9]で言いたかったのは、本当はそういうことだったと思うのです。現実の問題は全部他人任せにしておいて、単に反対とだけ言っているようなやり方はよくないというのが、吉本さんの基本的な考え方でしょう。吉本さんの亡

注9　吉本隆明『「反核」異論』深夜叢書社、一九八三年。

くなる直前の『週刊新潮』でのインタビュー（「『反原発』で猿になる！」）[注10]は吉本さんらしい勇み足だったと思いますが、吉本さんが「反－反核」というときの立場は、基本的に正しいと思います。

　僕が最近出した『野生の科学』の執筆の一つのきっかけは、吉本さんの最後のインタビューでした。この本の付録に「「自然史過程」について」[注11]という文章を収録していますが、それは『新潮』に吉本さんの追悼で書いた文章です。そこで僕がおこなったことは、吉本隆明の思考方法と僕の思考方法を激突させるという試みでした。

　僕の考えでは、「反－反核」をめぐる吉本さんの思考において、決定的な重要性を持っているのは「自然史的過程」という概念です。それは直接にはマルクスとエンゲルスに由来する概念[注12]ですが、自然史的過程というのは、簡単に言えば歴史の運動を駆動する抗いがたい力です。例えば、交換の中からほとんど必然的に貨幣が出てきて、それがいったん出現するともはや後戻りが効かない過程が作動して、必ず資本主義が出てくるように。そういう流れにどんなに抗おうとしても、それは長い目で見ると自然史的過程の中に回収さ

注10　『週刊新潮』二〇一二年一月五・一二日新年特大号、新潮社、六一―六三頁。

注11　初出は『新潮』二〇一二年五月号、新潮社。

注12　自然史的過程とは自然を弁証法的に発展するものとしてとらえるマルクス主義の概念。人間の意志や意識から独立した法則である自然史的過程によって社会や歴史の発展が理解される。

れて、決して後戻りすることができません。

吉本さんはこうした思考法を、あらゆる領域の人間的事象に適用しようとしました。例えば、言語もそうです。言語は人間の脳を通して出現しますが、その脳自体は自然史的過程によって出現しました。では、言語を通して現れる人間の心的事象は自然的秩序に属しているかと言うと、そうではないということが問題です。それは自然的秩序をはみ出して「疎外」される本質的な過剰を備えているのです。しかし、この「疎外」自体は自然史的過程から生み出されたものである以上、それをなくすことはできないし、疎外のない状態に後戻りすることはできない。これが吉本さんの基本的な考え方です。

吉本さんの「反－反核」というのは、こうした思想的土台の上で唱えられています。科学技術の発展はそれ自体が自然史的過程に属している以上、いったん開かれてしまった地平を閉ざすことはできない。だから、反核運動はこの自然史的過程に逆行して自然的秩序に回帰しようとする不可能な試みであるという点において、吉本さんから批判されることになるわけです。僕が「「自然史過程」について」という文章の中で書いたのは、この吉本さんの思想を内側から乗り越えなくてはいけないということです。

吉本さんは、「原発というものを技術的に発展させていけば、いま抱えている放射性廃棄物の問題は解決される」とお考えでした。しかし、これは不可能だと思います。いまや原子力発電自体が古典的な技術になってしまっていて、これ以上の展開を望むことができません。僕たちは、原子力技術というものの致命的な不完全さを見届けてしまっています。

だから、「自然史的過程」に逆行して自然的秩序の中に回帰しようとするのではなくて、自然史的過程の運動の中から原子力発電技術を乗り越える道を探さなくてはいけません。國分さんとの最初の対話の中で、僕が「「農夫性」の中にUターンするのではなく、むしろIターンしていく新しい思考」と言ったのはそういう意味でした。『野生の科学』という本は、そういうことを目指して書かれています。

注13　「私たちは構造主義の試みを継承する。そして現代の人間の危機に真に立ち向かうことのできる、「新構造主義」の創造をめざそうと思う。構造主義は人間中心主義からの脱却を語り続けた。私たちの新構

國分――なるほど。僕が『野生の科学』を読んでいて非常に面白かったのは、中沢さんが「新構造主義」の創造を目指されるというお話[注13]です。一時期言われた「ポスト構造主義」ではない。構造主義をもう一度考え直し、新しい構造主義を構想する、と。

中沢――構造主義が出てきたときに、僕が関心を持った思想家の一人はルイ・アルチュセール[注14]で、もう一人はリュシアン・セバーグというい人類学者でした。彼はあまり日本では知られていませんが、レヴィ＝ストロースとラカンの弟子で、『マルクス主義と構造主義』[注15]というとても面白い本を書いています。この本の中で彼が何を言っているかというと、「いままでのマルクス主義は弁証法に依拠していた。たしかに弁証法は優れた認識方法だが、そこには科学が足りない。この弁証法をもっと明晰な科学にするために、構造主義というものがある。それによってマルクス主義が刷新されるのだ」ということでした。

でも、当時世間で「構造主義」と言われていたのはそういうもの

造主義も、この世界が人間だけのものではなく、「不思議な環」によって結ばれた動物や植物や鉱物や大気とともにあり、それら人間以外の諸存在も、ひとしく地球上に生きる主権者（コモンズ）であることを語り続けるであろう」（中沢新一「「不思議な環」を組み込んだ人間科学」『野生の科学』四二頁）

注14　（一九一八―一九九〇年）フランスの構造主義の代表的な論客で、マルクス主義哲学者。前期のマルクスと『ドイツ・イデオロギー』以降のマルクスには認識論的な切断があるとして、マルクスのテクストの斬新な読み直しを果たした。代表作に『マルクスのために』『資本論を読む』など。

注15　リュシアン・セバーグ『マルクス主義と構造主義』田村俶訳、人文書院、一九七一年。

ではありませんでした。ソシュール言語学のシェーマであるシニフィアンとシニフィエの恣意性[注16]が、構造主義の一番のポイントだと考えられていました。ソシュールはシニフィエを流れで表示していますけれど、下に何か流動して流れていくものがあって、その上に記号のシステムがある。ここではシニフィエとは自然のことです。そしてその記号のシステムと自然との間には恣意性があるから、システムはシステムとして自律性を持っているということになるわけですね。記号体系を閉じた「自己言及性のシステム」にするのではなく、自然との間になめらかな連続をつくり出す可能性を、構造主義の中に深読みしたのですね。僕はそこに構造主義の可能性を見るのは、違うんじゃないかと思っていました。

　僕は構造主義が開発していた思考の技術の中に複雑系である自然との間に回路を開く方法を見出そうとしました。それがレヴィ＝ストロースをマルクスやフロイトにつなぐ本当の回路なんじゃないかと。

注16　シニフィアン（signifiant）は日本語で「意味するもの」、シニフィエ（signifié）は「意味されるもの」を表す。スイスの言語学者フェルディナン・ド・ソシュールが定義した概念。ソシュールは、語は他の語との関係によってつくられる体系の中でのみ意味を持つとして、シニフィエとシニフィアンとの間には必然的な結びつきがない（恣意的である）と定式化した。

國分──たしかに、マルクス、フロイト、ソシュールがレヴィ＝ストロースの学問の三つの起源だと言われていますよね。

中沢──一九六〇年代にマルクス主義が解体期に入ったときに、新しい知性形態として構造主義が現れました。その後、六〇年代末〜七〇年代にかけてポスト構造主義というものが出現したときは、僕もとても刺激を受けましたが、どこかで「これは、僕の考えているものではないな」という気持ちはありました。

そういう僕のことを、浅田彰さんは「中沢さんはストア派[注17]だ」と言いましたが（笑）、これはたしかにそのとおりなんです。僕は自然過程と言語過程が調和できると考えているんです。浅田さんはモダニストだから、自然とは調和できないという立場です。だから、僕のことを「ストア派だ」と言うわけです。でも、ドゥルーズだってストア派だと言われていたでしょう。

注17　紀元前三世紀にゼノンによって創始された哲学の学派。宇宙の法則などの決定論と人間の自由意志との関係を探求し、自然と意志とが一致するプロハイレーシスという概念を説いた。

野生の科学と「不思議の環」

國分——自然と言語の調和というのは、この対話の大きなポイントですよね。『野生の科学』の中で中沢さんは両者をつなぐインターフェイスとして、かつてダグラス・R・ホフスタッター[注18]が『ゲーデル、エッシャー、バッハ』の中で紹介した「不思議の環[注19]（strange loop）」というアイディアに新しい光を当てられています。

柄谷行人さんが一時期、ゲーデル問題を盛んに論じていました。いかなる体系も、その内部に真とも偽とも言えない決定不可能な裂け目、自己言及のパラドクスを抱えてしまう。形式化を突き詰めて、このパラドクスに直面したとき、かろうじてその体系の外部に「自然」——当時の柄谷さんの言い方ならば「自然成長性」——が垣間見られる……。このような話になっていたように思います。

他方で、中沢さんが『野生の科学』の中で書かれているのは、自然においては、「階層を上がると実はその階層は下の階層とつなが

注18 （一九四五—）アメリカの認知科学者。主著は『ゲーデル、エッシャー、バッハ』。クルト・ゲーデルの自己言及性のパラドクスの問題を、エッシャーのだまし絵やバッハの音楽の対位法的構成に喩えて論じた。

注19 論理的に上の階層のものがいつのまにか下の階層のものとループして繋がってしまうような奇妙な構造のこと。『ゲーデル、エッシャー、バッハ』では「『不思議の環』現象とは、ある階層システムの段階を上へ（あるいは下へ）移動することによって、意外にも出発点に還ってきているときの現象である」と説明されている。

郵便はがき

お手数ですが、
50円切手を
お貼りください

1 6 0 - 8 5 7 1

東京都新宿区荒木町 22
エプコットビル 1F

(株)太田出版
『哲学の自然』

読者はがき係 行

お名前　　**性別**　男・女　　**年齢**　　歳

ご住所　〒

お電話

e-mail

ご職業
1. 会社員　2. マスコミ関係者
3. 学生　4. 自営業
5. アルバイト　6. 公務員
7. 無職　8. その他（　　　）

本書をお買い求めの書店

本書をお買い求めになったきっかけ

＊記入していただいた個人情報は、アンケート収集以外の目的には使用しません。

本書をお読みになってのご意見・ご感想をご記入ください。

＊ご投稿いただいた感想は、宣伝・広告の目的で使用させていただくことがございます。あらかじめご了承ください。
＊太田出版公式HP（http://www.ohtabooks.com/）でもご意見を募集しております。

っていた」というループの構造、「不思議の環」があるのはむしろ当然だということですね。その構造を形式的な論理で記述しようとするから自己言及的パラドクスが生じる。だから科学は、自然にはループの構造があるということをむしろ出発点にして、その自然に追いつくために自らを変貌させなければいけないという視点だと思います。

僕は学生時代に柄谷さんの著作に強い影響を受けたので、ゲーデル問題をどう考えるのかというのは自分にとっても大きな課題でした。スピノザの研究をしていてもそれが気になって仕方なかった。スピノザは『エチカ』で壮大な美しい体系をつくっていますが、やはりそれは体系である限り何か矛盾を抱えているはずだ……という居心地の悪さがあったんです。でも、これまでの中沢さんのお話を聞かせていただいて、別に絶望する方向で考えなくてもいいという気がしてきました（笑）。問題はむしろ、自然というものに言語、あるいは認識がどうやって追いつくか、ということですね。

実際、僕がスピノザ研究でやってきたのは、どうやって「神」の観念——スピノザの場合、「神」というのは自然そのもののことです——に認識が追いつくかという話なんです。神すなわち自然はすでに存在している。ではその神を描き出す観念にどうやってたどり着くか。『エチカ』の冒頭部分は、非常に細かい論理操作をしながら、神を描き出す観念に少しずつ近づいていき、一〇個の定理を経てそこにたどり着くという構成になっています。しばしば『エチカ』は神の観念から出発すると言われますが、これは正確な言い方ではありません。むしろ神＝自然の観念に追いつくところからはじまる。

今回ホフスタッターの『ゲーデル、エッシャー、バッハ』を読み直してみて気がついたのは、これは「理性の限界」とかいう話では全然なくて、まったく逆のポジティブな議論なんだってことですね。ここからスピノザの『エチカ』が描く自然についてもアプローチできるように思えました。ゲーデル問題で途方にくれて足踏みするのではなくて、もっと別の形で自然に近づいていく方法がある。

中沢――『ゲーデル、エッシャー、バッハ』の中でホフスタッターが抱いた疑問というのは、僕が若い頃に抱いた疑問と同じで、生物学に起因していると思います。僕は学部生の頃は生物学科でしたが、当時は生物学がちょうどゲノム解析のとば口に立った頃でした。「DNAはタンパク質の構造に帰着する」と言うので、その面で非常に細かい分析が進められたし、実験も進みました。そのときに、DNA絶対派の人たちは、タンパク質の分子構造だけで生命現象のすべてが解明できると考えていました。しかし、そこで問題になってくるのは、DNAがねじれを持った二重らせんの構造をしているということです。おそらく、ホフスタッターが「不思議の環」と言うときにも、このらせん構造を問題にしていたのだと思います。

國分――それは実際にホフスタッター自身も述べていますね。一九九九年に新しく付けられた序文の中で、この本は「生命のない物質から生命のある存在がどのように生まれるかを述べようとする大変個人的な試みだ」と書いています。さらに、生命（あるいは自己、心）

を「渦のような、意味のあるパターン」として何とか描き出そうとした、とも言っていますね。「不思議の環」というのは、生命が生命であることの根拠の別名なのだ、と。[注20]

中沢——単なるタンパク質の分子構造の組み合わせと、私たちが生命現象と呼んでいるものとは現象としての階層が違います。いまの自然科学が進めてきたゲノム解析の方法では、この階層を切り離して考えています。ひたすら、タンパク質の分子構造の分析だけをやっているわけですね。問題なのは、それと生命現象とを結びつけるループの存在を、これまで科学が無視してきたことです。そのおかげで生命現象は一九八〇年代にはニューエイジの扱う領域になってしまいました。

しかし、タンパク質の分子構造と生命現象の間には、決して直接的な対応をつけることができません。おそらく、この二つは弁証法的に結びついているだろう。その弁証法的な構造をモデル化すると「不思議の環」というものになるわけですね。異なる階層がねじれ

注20　ダグラス・R・ホフスタッター『ゲーデル、エッシャー、バッハ——あるいは不思議の環　20周年記念版』野崎昭弘ほか訳、白揚社、二〇〇五年、四—五頁。（國分）

てつながっているような、エッシャーのだまし絵みたいな構造です。

僕は自然自体がこのループ構造でつくられているから、生命現象と呼ぶものが発生しているんだと思います。そしてそれは、複雑な階層を通して我々の言語にまで及んでいます。つまり、言語自体が「不思議の環」でできている。それが僕が「喩《ゆ》」の構造と呼ぶものです。おそらく、指示表象だけの言語表現——例えば「これは本です」というような言葉——は、ネアンデルタール人の段階でもかなり発達していたはずです。しかしホモサピエンス・サピエンスは、異なった階層にあるものをループでつないでしまう「喩」というものをつくり出しました。

この変化は、ある意味で言えばベルクソンの言う「生命の飛躍《エラン・ヴィタール》」です。旧石器時代の後半に、現生人類の脳の中に突然そうした構造がつくられました。ただのタンパク質の構造体であったものがDNAのループをつくり出したように、指示表象の中にループが発生すると「喩」が生まれる。そこから人間の思考、そして芸術や経済というものが展開してきたと思うんですよ。僕が「野生の科学」という言葉で考えているのは、そういうループを組み込んだ新しい科学なんです。

「語り得ぬもの」にノックする

國分――話を先ほどの新構造主義に戻すと、中沢さんは最近、現代数学に強い関心をお持ちですね。最新の数学の知見を使って構造主義を刷新できるのではないかという方向で考えていらっしゃるように思います。

中沢――そのとおりです。そのことを僕は『野生の科学』の中の「数学と農業」や「「不思議の環」を組み込んだ人間科学」という論文で主題にしたのですが、残念ながら理解はされていませんね（笑）。書き方が悪いんだ、きっと。岡潔やグロタンディーク以降に現れた現代数学の知見によって、構造主義の刷新が可能になると思うんですよね。

國分――『野生の科学』の中で、中沢さんはアメリカで教鞭を執られる数学者、加藤五郎さんのお書きになられた『コホモロジーのこころ』[注21]という本を紹介されていますよね。

加藤さんはコホモロジーという数学の分野をこんな風に説明されています。混沌とした存在の中にあるaとb。それらは一見すると異なるが、しかし、どうでもいいところを無視するとaとbは似ている。いやそれどころか、共通していて、本質的に同じである。そのような共通している構造を発見し、構造内の諸法則を解明していく分野がコホモロジーである、と。

例えば、5という数字を3で割ると余りが2になる（5=1×3+2）。14という数字も3で割ると余りは2になる（14=4×3+2）。5と14は見かけ上は無関係だけれども、「何かを無視すると14と5はある意味で同じもの」、すなわち、「14と5は余りが2であるということが共通している」、すなわち「14と5は似ている」ということ

注21　加藤五郎『コホモロジーのこころ』岩波書店、二〇〇三年。

になって一つの構造が現れて」くる。[注22] コホモロジーではこの共通するものを「核（kernel）」と呼び、無視していい部分を「像（image）」と呼ぶそうですが、加藤さんの説明によれば、ある部分を無視することによって、違ったものの中に共通する構造を取り出す数学理論がコホモロジーなんだというわけですね。

何と言っても面白いのは、加藤さんがこの本の冒頭でいきなり『万葉集』の柿本人麻呂の歌を引いてコホモロジーの説明をするところです。

楽浪《ささなみ》の比良山風《ひらやまかぜ》の海吹けば
釣《つり》する海人《あま》の袂《そで》かへる見ゆ[注23]

加藤さんはこの歌を引きながら、これが「コホモロジーのこころ」だとおっしゃるわけです（笑）。比良山から風が吹いてきて、それが琵琶湖の上で釣りをしている海人の袖を揺らす。こうして比良山と海人が風を通じてつながり、遠くの広い景色と近くの身近な

注22 『コホモロジーのこころ』vi頁。

注23 楽浪（さざなみ）は「滋賀」や「比良山」にかかる枕詞である。琵琶湖西岸の比良連峰は湖岸との高度差が大きく、湖面に吹き下ろす風が激しい。そこから吹き下ろす風が湖上に及び、釣り船で糸を垂れている釣り人の袖をひらひらとなびかせている——そんな風景を詠んだのが

眺めとに何か共通するものが感じられる……。この短い二行の中で、遠くの風景と近くの風景がスーパーインポーズ的に重なってくる。

歌が全然違う二つのものを「喩」を通して重ねるように、コホモロジーの理論は、一見して無関係なものの間に共通する構造を発見し、その構造の諸法則を探求します。コホモロジーはある種の「喩」の構造を数学的に取り扱おうとするものだとも言えるかもしれない。逆に言えば、コホモロジーによって人間の言語機能、「喩」の構造が数学的に扱えるようにもなるのではないか。中沢さんが『野生の科学』の中で考えられているのは、だいたいそういうことだと思っていいのでしょうか？

中沢——そうです。ある意味で言うと、コホモロジーは人間の言語の本質というものを扱っているんだと思います。

先ほどの國分さんの説明はまったくそのとおりです。逆の言い方をすると、僕と國分さんの間に共通項があるじゃないですか。そこ

この歌である。

なお、言うまでもなく琵琶湖は若狭湾の近くである。若狭湾沿岸には、敦賀発電所に二基、美浜発電所に三基、大飯発電所に四基、高浜発電所に四基、もんじゅに一基と、計一四基の原子力発電所が集中している。若狭と琵琶湖の間には野沢山地があり、もし若狭湾沿岸の原発で事故が起こって放射性物質が放出されたら、それらは琵琶湖の水源である山々に降り注ぎ、いずれ琵琶湖に集められると推測されている。琵琶湖は大阪圏の水源である。

原発を巡って始まったこの対話。そこで中沢さんが取り上げた数学の本（！）に琵琶湖を描いた歌が出てくるとはなんという因果であろうか。（國分）

を全部捨象してみましょう、ということですよね。捨象してみたところで、國分さんと僕というものが残る。これが本当に違うものなのかどうなのかということを検証しようとすることで本質をとらえようとすることがコホモロジーという数学なんですよね。

だから、数学はいま、心＝脳の基本構造に近づいていると思うんです。いままで、脳で実際に起きているのとは違うプロセスを数学として取り出してきていたんですが、それがようやく近づいた。これから人間がつくっていかなければならない知的生産物の原型がそこにあります。

國分――なるほど。それは、前回の対話で中沢さんが「数学の自然化」とおっしゃったこととも重なりますね。

中沢――ヴィトゲンシュタインの有名なアフォリズムに「語り得ぬものについては、沈黙しなければならない」[注24]というものがありますが、僕は「語り得ぬもの」に対する方法は沈黙以外にもあるんじゃ

注24　ルートヴィヒ・ヴィトゲンシュタイン『論理哲学論考』野矢茂樹訳、岩波文庫、二〇〇三年。

ないかなと、ずっと思ってきました。そこに「語り得ぬもの」があるとしたら、ノックしたり、手を当てたりすれば、何らかの反応が返ってくるはずじゃないですか。そして、その反応を解析することによって、言語化不能な空間で起こっていることと対応関係をつくることができるはずなんです。僕は、ガロア以降の現代数学がはじめたのは、そういうことではないかと思うのです。

國分──「語り得ぬもの」に対してノックするというのは、精神分析の手法とも重なるところがあります。フロイトが「一次過程」、「二次過程」[注25]という概念で示していたことは、まさしくそういうことですよね。

中沢──僕はフロイトの精神分析の面白さはそこにあると思うんです。人間の心の中で起こっていることもそれ自体は取り出せないし、解明することもできないけれども、それに反応板のようなものをつけてノックしたときに、特徴のあるパターンが生じるはずで

注25　フロイトが考えた、心的装置が機能する際の二つの様式。「一次過程」は無意識系の様式を指し、「二次過程」は前意識‐意識系の様式を指す。二次過程は一次過程の修正であり、また二次過程は一次過程を抑制することを自らの役割としている。我々は一次過程（無意識）そのものに触れることはできないが、二次過程（前意識‐意識）の分析を通して、そこで何が起こっているのかを推論することができる。これが精神分析の技法が目指すところである。（國分）

す。一次過程は直接には取り出せない。だけど、それが二次過程をノックするというやり方で、一次過程を推測することができる。

そうすると、この構造的な対応で人間というものを理解していけるのではないか。実はこれはシャーロック・ホームズなんかの探偵術と同じやり方なんですよ。犯人が残していった痕跡で相手を推測するというやり方です。「新構造主義」というときに、僕がイメージしたのはそういうものなんですよ。

社会は複雑だということ

中沢――自然というものの根底には「不思議の環」の構造があります。そして、この「不思議の環」は私たちの使っている言語の根底にもひそんでいます。言語の本質を考えるにはまず「喩」から考えなくてはいけない。つまり、日常言語を考えるためには詩の構造をベースにして考えなくてはいけないということなのですが、これはジャン＝ジャック・ルソーが唱えたことです。

國分――『言語起源論』[注26]ですね。

中沢――ルソーと吉本隆明さんの考えですね。吉本さんも「芸術言語論」[注27]ということを言いますが、あれは詩のことですね。吉本さんの言い方では、「機能主義的」に言語をとらえる、つまり情報伝達とコミュニケーションをベースにして考えても、それは言語の本質にはならない。言語の本質は詩の言語であり、日常言語を考えるためには詩の言語を考えなければならない。吉本さんには、こういう逆転の発想があります。『言語にとって美とはなにか』という著作もそういう発想で書かれています。

僕は経済の領域で同じような逆転をおこなったのが、マルセル・モース[注28]だと思っています。経済交換の世界の本質を考えるには、まずは「喩」的な構造を持った贈与からはじめなくてはいけない。この贈与という観点から経済学を転倒していったときに、経済交換といういま私たちがおこなっている行為の本質が照らし出されてくるのです。それによってマルクスの『資本論』を新たに書き換えるこ

注26　ジャン＝ジャック・ルソー『言語起源論――旋律および音楽的模倣を論ず』小林善彦訳、現代思潮新社、二〇〇七年。この本の中でルソーは、視覚に訴える身振りの言語（自然言語）は動物も用いるのに対し、聴覚に訴える声の言語（協約言語）は人間のみが用いるとし、言語の起源を精神的欲求である情念に由来する歌であるとした。

注27　吉本隆明『「芸術言語論」への覚書』（李白社、二〇〇八年）などを参照。

注28　（一八七二―一九五〇年）フランスの社会学者・文化人類学者。主著の『贈与論』では、未開社会の中にある「贈与」が資本制社会の中にある「交換」とはまったく異なる原理に基づくことを発見し、これを人類の経済的事象の基礎にすえた。社会学者のエミール・デュルケムの甥でもある。

とができるのではないか。

國分──『愛と経済のロゴス』で中沢さんはこんなことを書かれていますね。贈与においてはモノは単に行き交うだけではない。「これは大切な人からもらったものだ」とか、「今度お返ししなくちゃ」とか、「大変いいものをいただいたから感謝しなくちゃ」などの様々な「不確定で決定不能な価値」を必然的に伴うのが贈与におけるモノの移動である、と。[注29] また精神分析の用語を応用し、個体としての輪郭をはっきりさせる「去勢」という操作が贈与に施されることによって交換が発生するとも説明されています。

僕は最初の対談のときに、交換のことを考えるためには贈与の次元を決して無視することができないと言いましたが、これはいまの経済交換を見ていてもそうだと思うんですよ。お金を払ってサービスを受けても、「あの人からしてもらったから」とかいう価値が必ず結びついている。本当は贈与的なものがいまの社会の中でもたくさん蠢《うごめ》いている。でも近代経済学では、それを無理矢理「去勢」し

注29 中沢新一『愛と経済のロゴス──カイエ・ソバージュⅢ』講談社選書メチエ、第一章。(國分)

た気になって、モノと人格を徹底的に分離してしまう。すべてを交換的なものに切り詰めて考えてしまっている。でもそれは現実の中のほんの一部しか見ないということです。贈与という視点は、「昔あった贈与の世界を復活させる」とかそういうことでは全然ない。むしろいま現実で起こっていることを発見するための概念が贈与だと思うんです。

例えばいま僕は保育の問題に強い関心を持っているのですが、これも贈与的思考で考えねばならない領域です。保育というのは経済学的には一種のサービスですが、そこにはそれこそ贈与的なものとして考えなければならない側面がたくさんある。保育士と子供の関係、保育士の性格、建物の形、庭の広さ、保育園という場所を行き交う人々と子供の交わり、お迎えのときの親同士の交流、園の歴史と地域との関係……。無数の複雑な、それこそ不確定で決定不能な価値が働いてはじめて保育するという営みが可能になっています。

ところが、いま進められている保育園の改革では、保育は単に売り買いの対象でしかない。資格を持った保育士と場所があって、園と親が契約すればそれで保育が成り立つと思っている。保育というサービス（モノ）と提供主体（人格）が完全に切り離されているんですね。

中沢――保育や教育などの領域ではそういうことが分かりやすく出ますよね。この贈与的な原理はいまの社会のいたるところに働いているわけです。それこそコンビニに行ったって、レジのアルバイトさんと僕たちの間には、ほんの一瞬ですが何かが発生してしまう。この社会の中のありとあらゆるところで、贈与的な原理は発生していて、それがかろうじて我々の社会を糊でつないでいるんですね。

ところが、新自由主義はこれをいかに切り離して、交換のシステムに組み込んでいくかということを考えるわけです。これは合理主義の極限です。贈与は交換と違って計算不可能なものですが、それがいたるところを満たしているから世界は成り立っているんです。

國分――バカみたいな話ですが、社会はすごく複雑だっていうことなんです。経済の領域は交換だけで動いているのではなくて、様々な要素が並行して走ることで成り立っている。

内田樹さんが『最終講義』[注30]の中でお書きになっているエピソードなんですが、「大学にコンサルを入れて経営合理化を」という話が持ち上がったときに、神戸女学院の伝統あるすばらしい建物を売れ、という話になったそうです。それに対して内田さんはすごく怒ったんですが、何て言っていいのか分からなかったと書かれています。

でも、僕の考えでは神戸女学院のあの建物自体がある種の「経済的な価値」なんですよね。そういう建物の中で勉強できるからはかどるとか、学生の心が落ち着くとか、そもそもそれが大学の象徴としてセールスポイントになるとか。だから、僕はブログに書いたことがあるんですけど、内田さんは「こういうものの『経済的な価値』を理解できないなら、君たちは考えている要素の数が少ないな。もっと勉強しないとダメだよ」と答えればよかったんだと思うんです（笑）。

注30　内田樹『最終講義――生き延びるための六講』技術評論社、二〇一一年。

実際の商品の価値というものは複雑な要素が全部絡み合ってできている。僕はよく言うんですけど、いわゆる「新自由主義」的な思考というのは、大量の情報や要素を一度に考えることができない学者のための思考法だと思うんです。彼らは「競争、競争」って言いますけど、競争するアクターとして何が入ってくるかを具体的に考えない。競争するアクターが増えれば、淘汰されていいものが残ると言うのですが、そもそもいいアクターが入ってこなかったらどうするのか。例えば、民営化した郵便局は一体どこでサービスが向上したというのか。「競争」がブラックボックスになっていて、それを通すと最適解が出てくることになっている。抽象的なんです。思考が抽象的だということは、考えている要素の数が少ないということです。だから、「新自由主義」的思考というのは「人間くささがない」とか「冷たい」とかそういうことじゃない。単に、CPUがノロくてメモリが小さくて、複数の要素を同時に考えることができない、そういう学者たち向けの思考法なんですよ。「そんなにいっぺんにたくさん考えろって言われると僕は頭がパンクしちゃう!」

っていう学者のためのものですね（笑）。

中沢――かつて東方キリスト教[注31]というものがありましたが、それがローマ・カトリック[注32]になるとすごく単純化されました。三位一体説[注33]などは本当はものすごく複雑な構造をしていたのが、ローマではあきれるくらい単純化されて拡まるんです。そのときに東方キリスト教の人たちがローマ人たちのことを「あの人たちは頭が悪いから仕方ない」って言ったらしい（笑）。

複雑なものを単純化することで大ヒットするというのは昔からあって、やはり複雑なものをそのままとらえようとするのはめんどうです。でも、レヴィ＝ストロースが言うように、未開社会の人たちというのは、ある意味では贈与が動いている複雑な空間に関してはものすごく精密な知識を持っていたんですね。

國分――複雑なものにどうにかして迫っていくというのは、先ほどの「自然に言語がどう接近していくか」という課題とまったく一緒で

注31　東方キリスト教（Oriental Orthodoxy）とは、西ヨーロッパから見て東方に位置する地域で信仰されているキリスト教の諸教派のうち、東方正教会にもローマ・カトリックにも帰属しない教会のことを言う。東方教会とも言う。

注32　ローマ教皇を中心として拡がったキリスト教の最大教派。東方教会に対して西方教会とも言われる。

注33　キリスト教において「父」と「子」と「聖霊」が一体にして唯一であるとする教え。三位一体説の持つ思考の可能性については、中沢新一『三位一体モデル TRINITY』（東京糸井重里事務所、二〇〇六年）を参照。

すね。

エドマンド・リーチのレヴィ＝ストロース批判

國分――実は僕はレヴィ＝ストロースのことで少し気になることがあるんです。エドマンド・リーチという人が『レヴィ＝ストロース』[注34]という本の中で、人類学者には二種類あるということを言っています。

一つはジェームズ・フレーザー[注35]のようなタイプ。フレーザーは人類の文化を世界規模で詳細に比較することで人間の心理について大きな発見をしたけれど、自分が叙述した未開民族の生活に直接接したことはなかった。

もう一つはブロニスワフ・マリノフスキー[注36]のようなタイプ。彼はメラネシア[注37]の小さな村で四年にわたりおこなった調査の分析に、研究生活のほとんどすべてを費やした。マリノフスキーの関心は、文化の全体的な類似性ではなくて、文化の間の差異にあったと言える

注34　エドマンド・リーチ『レヴィ＝ストロース』吉田禎吾訳、ちくま学芸文庫、二〇〇〇年。

注35　（一八五四―一九四一年）スコットランドの人類学者。主著に原始宗教の儀式・神話などを研究した『金枝篇』がある。

注36　（一八八四―一九四二年）ポーランド出身のイギリスの人類学者。調査現地に住み込むフィールドワークを人類学の研究に持ち込んだ第一人者。著書に『西太平洋の遠洋航海者』『神話と社会』など。

注37　オセアニアの海洋部の分類の一つ。ニューギニア島、ビスマルク諸島、ソロモン諸島、フィジー諸島、サンタクルーズ諸島、ロワイヨテ諸島、チェスターフィールド諸島などで構成される。

かもしれません。

リーチによればレヴィ＝ストロースは明らかにフレーザーの流儀を受け継いだ人類学者です。これは要するに、あまり現地調査していないということでもあります。マリノフスキーに比べるとレヴィ＝ストロースの現地調査は、調査期間も三ヶ月程度と短いし、調査中もすごくたくさん移動していた。

レヴィ＝ストロースの現地調査が適当でダメだということではないのですが、ドゥルーズ＝ガタリなんかもリーチのレヴィ＝ストロース批判には影響を受けている。レヴィ＝ストロースはあらかじめ「構造」のアイディアを頭に持っていて、それを社会に当てはめていったんじゃないか、と。それで、彼らは「構造」という言葉を使うのをやめて、「機械」や「ダイアグラム」という別の概念をつくり出していった。これが「構造主義からポスト構造主義へ」という流れでもありました。中沢さんが「構造主義から新構造主義へ」というときに、このレヴィ＝ストロース批判についてはどうお考えでしょうか？

中沢──僕が学生時代に反発を感じたレヴィ＝ストロース論の代表がリーチの本でした（笑）。リーチの『レヴィ＝ストロース』を読んだとき、僕は「リーチという人は人類学者なのに自分がイギリス人だってことが見えていないな」と思いました。

フレーザーは現地調査をしていないと言うけれど、そもそもイギリスの中にも古代文化との連続性は脈々と流れていて、彼はそういうものに対する深い感受性を持っていた学者です。もともとフレーザーはヨーロッパの古典文学者です。そして、古典文学の中にはそういう古代的な思考がたくさん入りこんでいるわけですね。だから、「フレーザーはちゃんと現地調査をしないで研究をした」というのはちょっと単純すぎる考えだと思うんです。

それを言ったらもっとすごいのがマルセル・モースです。彼はフィールドワークなんか一度もしたことがないんですからね（笑）。モースはすごく面白い人で、「モースの講義ほど秘教的な講義はない」と言われるくらいユニークな講義をしたそうです。彼は講義が終わるといつも学生を連れて町へ出るのですが、パン屋の前をとおったりすると学生を呼びとめて「見てごらん。このパンはケルト文様でできているんだ。このパンの形がどうしてできていったかと言うと……」と延々と解説したそうです。パンの模様の話からはじめてケルト文化の構造へと至り、それが世界にどう拡がっていったのかという話にまで拡がっていく。こういうセンスが大事だと思うんです。

僕はレヴィ＝ストロースがアマゾンの世界に深入りしてしまって、そこから出てこなくなってしまったら、彼の学問はなかったと思います。僕もかつてチベット人の世界にかなり深く入りこみました。チベットの世界の中の細かいことも分かってきて、それはそれで気持ちがよかったんですが、同時に「このままここにいても、きっとこの世界について本当のことは分からないだろう」とも感じてもいました。それで、僕は必死で脱出しました（笑）。僕には、そのことによって失うものも多かったですが、逆に見えてきたものもたくさんあるんです。

國分―なるほど。ドゥルーズも「資本主義と分裂症」というタイトルの本[注38]を書いているけれど、「私は分裂症患者には一度も会ったことがありません」と言っていますしね（笑）。ガタリが勤めていたラ・ボルド精神病院[注39]にも「行きたくない」と言っていたらしい（笑）。

中沢―でも目の前でいつもガタリっていう分裂症の患者に会っていたじゃないですか（笑）。

本当はマリノフスキーだってそんなに単純じゃないんです。マリノフスキーの日記なんかを読むと、原住民を罵り倒していて。調査から自分の小屋に帰ってきて、そこで「クソ！　どうして俺があんなやつらの相手をしなくてはいけないんだ！」とか日記に書き飛ばしていて、しかもそれが死後に本になっちゃったんですから[注40]（笑）。でも、マリノフスキーの研究にとっては、原住民といかに感情的な「距離」をつくるのかというのが大切だったんです。そして、彼はきっとその距離を毎晩罵ることによってつくり出していた

注38　『アンチ・オイディプス――資本主義と分裂症』およびその続編である『千のプラトー――資本主義と分裂症』のこと。共にジル・ドゥルーズとフェリックス・ガタリの共著。

注39　一九五三年に創設されたフランスの精神病院で、「制度論的精神療法(psychothérapie institutionnelle)」という先鋭的な治療実践をおこなっている。フェリックス・ガタリが一九九二年に亡くなるまで勤務していたことでも知られる。

注40　B・マリノフスキー『マリノフスキー日記』谷口佳子訳、平凡社、一九八七年。

んですよね。

國分――距離の問題は大切ですね。「当事者じゃないと語れない」という風になってしまうのは大きな問題ですからね。

ふたたび、人間と自然の最適解について

中沢――少し話が変わりますが、距離の問題ということで思い出したことがあります。

僕はレヴィ＝ストロースの「近隣部族のシンメトリー」[注41]という論文に昔から興味があるのですが、そこで書かれているのは、アメリカのインディアンに二つの部族がいて、この二つの部族が神話から儀式、社会構造にいたるまですべてを鏡の反転構造みたいにしてつくったという話なんですね。お互いの間に絶対に接触しない距離をつくって、しかし鏡の反転としてまったく同じことをやっている。そうすると、この二つの部族の関係は最良なんです。それで、結び

注41　レヴィ＝ストロース『第二構造人類学（Anthropologie structurale deux）』（一九七三年、未邦訳）に収録された論文「Rapports de symétrie entre rites et mythes de peuples voisins」のこと。

の言葉は「人間の世界で大事なのは遠からず近からず適切な距離を見出すことである」というものなんです。

日本人と韓国人の抱えてきた課題というのがまさにこれですよね。日本人と韓国人は六世紀くらいまでは、言葉もそう違わなくて同じような世界を生きています。それが六世紀くらいから分離しはじめて、あちこちでいろんな反転構造をつくり出すようになった。それが一番分かりやすく出ているのが日本の伊勢神宮です。韓国と日本がもともと共通して持っていた構造の中にも、女性の祭祀というのはいて、これは「ヒメ」と呼ばれていました。「ヒメ」は太陽の神様を祭祀する巫女なんです。日本にも韓国にもそういう祭祀がいたるところにあって、例えば大阪にいまでもある比売許曽《ひめこそ》神社もそういうもので、朝鮮に古い形で残っている祭祀と同じなんです。それに対して、伊勢神宮の天照大神になると、巫女ではなくて神様になっちゃうわけで、そこから反転構造をつくり出そうとしているわけです。僕は『古事記』とか『日本書紀』とかはそうした分離のための努力だと思うんですよ。

日本と韓国はそうやっていろいろなことを反転させて、お互いの距離をとっていくということを意識的にやってきた歴史がある。竹島の領土問題などの事態がもたらされた少し前の状況を考えてみると、韓流ブームというのがあって、二つの文化がものすごく接近していた。日本の芸能界と韓国の芸能界の見分けがつかないような事態にまで至ったとき、政治的なレベルでふたたび分離が起こるという。これなんですよ。

あまりに似た人々、見分けもつかない人々が近代の民族国家になったときにどうやって相互関係をつくっていくかということに関して、我々はあまりにも無自覚です。ところが六世紀、七世紀の人たちは自覚的に距離と反転関係をつくろうとしていたんですね。アメリカ・インディアン的な知恵が生きていたとも言えます。

國分——それは一番はじめの対話でも話題になった最適解の問題ともつながるお話ではないでしょうか。二つの集団が自覚的・意識的にちょうどよい距離を探っていく、と。前回お話しした祝島モジュール、「群島」のヴィジョンにもつながります。

中沢——國分さんとの最初の対話の際、僕は「「離散無限」とは異なる無限の構造」というものを考えなければならないというお話をしました。資本主義から原発的なものに至る、その背後にある思考形態は、延々と膨張していくことをやめない「自己増殖オートマトン」的な構造、「離散無限」的な考え方なのだと。そうした思考は決して最適解にたどり着くことがない。それに対して、コホモロジー的な思考は最適解をもたらします。つまり、コホモロジーの考え方を採ると世界は有限個に閉じますから。

例えば3という数字を法にしてすべての自然を分類していくとすると、4は1(4=1×3+1)、5は2(5=1×3+2)になります。そして、6は3の倍数ですから0(6=2×3)になる。そういう風にして循環が起こるんですね。つまり無限数の世界の何かを法にして分類すると有限性に閉じていくのです。この有限性に閉じた世界の中から、もともとの数の一個一個の情報を全部取り出せるというのがコホモロジーです。

もしも我々が世界を閉じたものにしてしまって、無限に拡がっていく世界から情報が排除されてしまったらダメですよね。排除した上で世界を組み合わせるという。これは構造主義の悪いところだと言われていました。でもこれはコホモロジーによって乗り越えられる。自然数の全体系というのは無限に延長していきますが、それを何かの数で割っていく、余りだけで数を分類していくと閉じるんです。それもらせん状に閉じていく。閉じるけれども、その中の無限にある数のどこを取り出しても、その数が全体の中のどこにあるのかという情報復元ができるわけですね。

閉じられた世界にいながら、無限に開かれた世界の情報が復元できるというのがコホモロジーの強みです。いままでの数学は無限加算アルゴリズムによっています。基本は自然数で、1から無限大まででいって、さらに無限大＋1があって……という風にずっと続いていきます。これをもとにして有理数をつくって、無理数が発生して……というやり方ですね。でも、この無限加算アルゴリズムには

「喩」の構造がない。

「喩」は二つのものが似ているとくっつけてしまいます。その意味で3と6は同じです。それは3で割ったときは余りが0になるから、ということで。ところが近代的な思考ではこのコホモロジーの考え方が生きていない。だから無限数に拡がっていくわけですね。そして、この世界の拡がりということを「進歩」という風に考えていたんです。それに対してコホモロジー的な考え方を採ると、我々の世界は有限性で閉じているんだけど、その中の一個一個を無限の世界に開いていくことができる。これってすごく新しいと思いませんか？

國分――すごく面白いです。僕は数学のことはよく分かりませんが、それを哲学の話に引っ張って考えていくととても刺激的です。最初の対話でも少しお話ししましたが、哲学の世界ではずっとデカルト的なイメージが支配的で、無限に延長する世界の中にコギトという孤独な存在がいる、と考えられてきました。それに対してスピノザにはある種の「喩」の構造があると言ってもいいかもしれない。神は無限だが閉じている。その中に神という実体の襞を折りたたむようにしてできた様態としての個物がある。そして、個物同士は一見して無関係でも互いに結び合っていて、その結びつきを通じて自らの力を高めることができる。それがスピノザの世界です。

僕は、スピノザ的な決定論がなかなかみんなに受け入れられないのは、スピノザの体系の中にあるループの構造、「不思議の環」的な構造が理解されていないからだと思うんです。スピノザは自由意志というものを否定しますが、それは意志が実際には無意識と意識のループ構造の中にあるからです。つまり、無意識がはじめにあって意識をすべて決定しているのでもないし、意識が何事をも決定しているのでもない。無意識と意識はループになっていて、その中でなんとなく事態が決定されていくわけです。もちろん無意識は意識に働きかけるし、意識も、意識によってもたらされた結果と共に無意識に働きかけている。そのループの中で一つのプロセスとしてものごとが決まっていって、そのなんとなく決まった事態を人間は事後的に決意として表象する。

だから、「不思議の環」というのは決して難しい科学の世界に限定されることではなくて、日常生活で人がものを決めること、生きていくことに直接に関わってくる話だと思います。例えば最近僕は、アルコール依存・薬物依存の人たちを支援する自助グループの方と話をする機会がありました。依存症の方たちは薬やアルコールを止めようとしょっちゅう決意している。しかし、そういう自己決定では絶対にやめることはできないそうです。当たり前です。意識と無意識はループ構造の中にあるのだから、意識的な決意だけでは依存症を引き起こす無意識の構造には絶対に届かない。このループ全体がゆっくりと新しいフェイズに入っていかなければダメなのだそうです。「ダメ、絶対」ってポスターがあるじゃないですか、むしろあれが絶対にダメらしいんです。ああやって意志で何とかしようとしていると絶対にまたやってしまう、と。

依存症を脱するためには自然に「ちょっと寂しくて退屈だけど、まぁいいか」という心の状態に入っていかなくてはならない。しかし、そういう状態は決意によっては絶対に訪れない。そういう心の状態をどうやってつくっていくのかがグループの課題だそうです。もちろん、実際にそういう状態に入っても、そのことに嫌気がさしたりもする。だから「回復し続けることが回復である」とその会の方はおっしゃっていました。僕はすごく感銘を受けました。

おそらく、人間の心の中には「不思議の環」みたいなものがある。それを「意識が決めているのか」、それとも「無意識が決めているのか」という風に切断して考えてしまうと、どうしても立ち向かえない現実というものは、身近にたくさんあると思うんですよね。

中沢──キルケゴールみたいな人が、日常の本当にささいなことでいちいち「あれか、これか」[注42]というパラドキシカルな決断を見出そうとするでしょう。それをよく見てみると、小さなところにループの問題があって、それが大域的《マクロ》な構造を決めていく。人間は常に「あれか、これか」のループの中にいて小さな決断の積み重ねが大きな

注42　セーレン・キルケゴール『あれか、これか』キルケゴール著作集第一巻、浅井真男訳、白水社、一九六三年。

構造をつくっていく。ヘーゲルの弁証法は壮大な「不思議の環」ですが、これから重要なのは、こういう小さな「不思議の環」なのだと僕は思います。大きな物語から小さな物語へ。二一世紀の神話はそういうものになるでしょうね。

ニヒリズムを超えて

國分――僕は今日の対談に向けてコホモロジーを分からないなりに勉強し、それを頑張って中沢さんとの対談の文脈に持ち込んで話してみました。ドゥルーズは『アベセデール』[注43]というビデオ作品の中で、「あなたはよく数学の本を引用するが内容は理解できないのではないか?」と尋ねられ、「どんな本にも二つの読み方があるのだ」と言っています。専門家が専門家として読むやり方もある。しかし、非専門家が読む読み方もある、と。自分はそういう風にして数学を読んでいると言っていました。今日は、ちょっとだけですが、そのことが分かった気がしたんです。

注43　『ジル・ドゥルーズによるアベセデール』ピエール・アンドレ＝ブタン監督。生前には放映しないことを条件に、一九八八年に撮影されたインタビュー形式のドキュメンタリー。

例えばドゥルーズは『差異と反復』の中でニールス・アーベル[注44]のことを高く評価しています。アーベルは問題と解の関係を論じているそうです。ドゥルーズは「問題の諸条件を規定する」という言葉でアーベルの功績を紹介しています。ドゥルーズが数学的にこれをどれだけ理解しているかは分かりません。ただ、これが他分野での問題と解の関係にも通ずるというときに、やはり少し分かる気がするんです。今回僕も似たような感触がありました。

中沢―結局数学って人間の言語能力に対する組織だった探求法だから、詩人が詩の言語について鋭敏な理解を持っているのと基本的には同じなんじゃないかと思うんです。

アーベルが具体的に何を問題にしていたのかと言うと、五次方程式の解法の問題ですよね。一九世紀にアーベルとガロアが「五次方程式を解くのは不可能である」ということを証明しました。それまではみんな、「数学を無限に発展させていけば五次方程式が解けるかもしれない」と思って努力していたのが、アーベルとガロアによ

注44 （一八〇二―一八二九年）ノルウェーの数学者。「五次以上の代数方程式には、一般的な解の公式が存在しない」ということを世界ではじめて正確に証明したと言われる。その後にエヴァリスト・ガロアがアーベルの証明を大幅に簡略化した形で、五次方程式には一般的な解の公式が存在しないことを再証明した。

ってその不可能性が宣告されてしまったわけです。

しかし、ガロアはそこからガロア理論（群論）[注45]という現代数学につながる新しい地平を切り開きます。つまり、「五次方程式を解くことは不可能である」と言った瞬間に、現代数学の世界が一斉に拡がっていったわけですね。僕が『野生の科学』という本の中でやりたいと思ったのはそれなんですよ。僕は「原子力発電の技術をこの先にいくら展開しようと思っても、五次方程式が解けないのと同じように不可能である」ということを、アーベルとガロアがしたように、みんなに示したいと思うんです。そして、その瞬間にこそ新しい科学の地平が拡がっていくのだと思います。

國分——いまは、経済界でもわりとそういう雰囲気になっていますよね。原子力発電所がダメだということが分かったからこそ、他の成長分野に目を向けるようになったというところがあります。だから、原子力発電の技術はこれ以上発展させることができないというのは、そこで道がふさがってしまったというのではなく、そこから

注45　代数方程式や体の構造を「ガロア群」と呼ばれる群を用いて記述する代数学の理論。群論はアインシュタインの特殊相対性理論やハイゼンベルグらの量子力学などの現代物理学などの理論的な前提にもなっており、現代数学の端緒を開いた理論である。

新しいものが開けていくということですよね。

中沢――そのとおりです。いまの若い論客を見ていても、「自分たちにはもうやることがない」なんてニヒリズムを楽しんじゃっていると感じることがあります。でも僕たちの世代だって、「もう自分たちの考える主題はない」というようなことを言っている人たちが多かったんですよ。でも、僕はずっとそんなことはないと考えていました。ドゥルーズがやったみたいにポジティブなやり方で、ズカズカと問題領域に入っていって、突破することができるんだと信じてましたからね。

國分――「もう自分たちが考えるべき主題は残ってない」なんて意識は中沢さんと対談させていただいている中では持ちようがありませんでした。それよりも、ハイデッガーだ、コホモロジーだと宿題をこなすだけで大変で（笑）。やるべきことなんて、もうありすぎて困るぐらいなんです。その雰囲気がこの本を通じて伝わればいいいですね。ついでに僕の苦労も伝わるといいです（笑）。まぁそれは冗談ですけど、学問の世界にはきちんと未来がありますよ。「野生の科学」もその未来の中で開花していくものだと思います。

中沢──それは國分さんと話していても感じますね。「野生の科学」って言葉は、すごくドゥルーズ的でしょう。「大丈夫だよ」って、それがこの本の主題です。

（二〇一二年八月二八日　明治大学・野生の科学研究所にて）

第Ⅳ章

どんぐりと民主主義

道路問題から民主主義を考える

國分――僕はいま、地元東京都小平市《こだいらし》の道路計画に住民の意思を反映させるための運動を応援しています。この道路は、小平都市計画道路3・2・8号線[注1]というもので、これまで東京都は住民の意見に耳を傾けることなく計画を進めてきました。そこで、道路が通る鷹の台駅付近の住民によって、「小平都市計画道路に住民の意思を反映させる会」（以下「反映させる会」）がつくられ、計画を見なおすべきか否かを問う住民投票の実施を求め、署名運動がおこなわれました（**署名活動期間は二〇一二年一二月一七日〜二〇一三年一月一一日**）。この運動では中沢さんとグリーンアクティブのみなさんにも全面的にご協力いただいています。

　先日は中沢さんに鷹の台にお越しいただき、この道路建設問題について考える公開対談「どんぐりと民主主義」[注2]を開催しました。こちらは大慌てで準備したため一週間にも満たない告知期間でした

注1　府中、国分寺、小平、東村山を通って所沢までを結ぶ道路計画で府中市部分は二〇〇六年に完成し、国分寺市部分は二〇〇七年から用地買収がはじまっている。小平市部分では五日市街道から府中街道と青梅街道のクランク部分までを結ぶ一・四キロが計画されている。

が、小平の小さなホールに二〇〇人以上の人が集まってくれました。また、中沢さんとグリーンアクティブの方にはその後、街頭署名集めにもご参加いただきました。

この道路は五〇年前（一九六二年）に計画されてその後長い間凍結されていたものです。ところが、どういうわけか二〇〇〇年代になってこれが突然復活してきた。東京都は、府中街道に並行して四車線、幅三六メートルの巨大な道路を通そうとしています。この総建設費用二五〇億円にも上る道路によって、四八〇本の木が伐採され、二二〇世帯が立ち退きになります。国の史跡にもなっている玉川上水が分断され、小平市民の憩いの場である小平中央公園の雑木林の半分——道路は雑木林の中央部を貫通するので、全滅と言っていいでしょう——が消失するのです。この雑木林と玉川上水の緑は渡り鳥の中継地にもなっていて、絶滅危惧種にあたる貴重な動物や虫、そして植物もたくさん生息しています。注3

僕は二〇〇六年の末に小平市に引っ越してきましたが、最初に住んだのが、実はこの雑木林の目の前にある都営住宅だったんです。

注2　二〇一二年一二月八日、小平市福祉会館市民ホールにて開催された。主催は反映させる会、どんぐりの会。共催はグリーンアクティブ。

注3　東京都の環境影響調査によれば、絶滅危惧種として植物一〇種類、鳥類九種類、爬虫類五種類、昆虫三種類、魚類二種類が確認されている。

自分の住んでいる場所の目の前すれすれのところに巨大道路を通す計画があると聞いて、最初とても驚きました。そこで、ちょうど中央公園の体育館で東京都による住民説明会があるというので、それに参加したんです。それが二〇一〇年二月のことです。

その説明会に参加して、僕はとてつもないショックを受けました。何百万円もかけてつくったと思われる「いかにこの道路が必要か」をPRする映像を、わざわざ遠くからトラックで運んできた巨大スクリーンで一時間見せられて、その後に三〇分間だけお決まりの質問コーナーがあって、説明会はそれで終わり。この質問時間というのが本当にひどくて、質問して、その答えを得たら、ふたたびその答えに対して質問を投げかけることができない。つまり対話はなしということです。「このビデオにはいくらかかっているのか」などと簡単な質問をしても、「全体で計算しているから分からない」などと言ってまともに答えようとしない。そもそも住民の話を聞く気などまったくない。単に「住民説明会」を開催したという事実が欲しいだけです。

僕らは民主主義の社会に生きているということになっている。けれど、東京都が「道路をつくることにしました」と言ったら、本当に何一つできないんだ……。僕はそういう強烈な虚脱感に襲われた。そして、曲がりなりにも哲学を勉強している人間として、「この問題についてきちんと考えられないなら、自分がやってる哲学なんて嘘っぱちだ」と思ったんです。「反映する会」が住民投票の署名集めのための運動を開始した二〇一二年までは、僕は直接的にこの運動に関わっていたわけではありません。そういう意味ではこの運動にコミットしたのは最近のことなんですが、最初に都の説明会に行ったときに受けた衝撃は僕の中に残っていて、それ以来ずっとこの問題について考え続けてきました。そうして得られたアイディアはこれまでもいくつかの機会に話したことがあります。注4

住民を無視した行政による道路計画というのは、今回の対談で僕たちがずっと考え続けてきた、原子力発電所を取り巻く問題に直結するものだと思います。そこで今回はこの連続対談の終章として、より実践的な方向に対話を深めていければと思っています。

注4　「菅首相を哲学する学者」二〇一一年八月一二日付朝日新聞朝刊オピニオン欄掲載インタビュー。「退屈しのぎを超えて」二〇一二年一〇月二日付朝日新聞朝刊オピニオン欄掲載インタビュー。「民主主義を面白くする」『GQ JAPAN』二〇一三年三月号掲載インタビュー。

中沢──僕たちはこの本のためにずっと自然哲学についての対話をおこなってきました。そして、自然について哲学的に話し合うだけではなくて、それを実際の生活の場で実践していかなくてはいけないというのが、この対話の一つのテーマでもあったと思います。今回國分さんがお住まいの小平でこういう問題が立ち上がって、僕もグリーンアクティブの仲間もこの住民投票の運動に関わることになりました。

　おそらくこの小平の問題はこれから東京で起こることのひな型、政治のターニングポイントとなっていくはずです。衆議院選挙での自民党の圧勝、そして都知事選での猪瀬直樹[注5]さんの圧勝で、問題がとても切実になってきました。今回、多くの人があまり他の選択肢がなかったため、民主党の失政にお灸をすえるために自民党に投票しましたが、いまの選挙制度の下ではこれが極端な結果として出てしまいます。大勝した自民党の方針というのは、「列島強靭化論」[注6]と呼ばれる経済復興のための公共事業への財政出動です。さらに猪瀬都知事の下で進められる都政は、オリンピック誘致というたぶん

注5　（一九四六―）現東京都知事、作家。石原都政で副知事を務め、二〇一二年一二月一六日の選挙で都知事に選出された。著書に『ミカドの肖像』など。

注6　もともとは藤井聡・京都大学大学院工学研究科教授が提唱したもので、その後自民党により「国土強靭化基本法案」にまとめられた。大規模災害に対する予防と東日本大震災からの復興のため、一〇年間で総約二〇〇億円のインフラ投資をおこなう計画。

不可能なことを口実にして、東京に何本かの新しい環状道路を整備しようとしています。おそらく、二〇一三年から東京でいままで凍結されてきた道路計画が次々と復活するという事態が生じるでしょう。小平市の計画はその先陣を切っていると思います。

経済復興のために公共事業に投資をしなくてはいけないというのは、新自由主義的な経済政策に対抗する古典的なケイジアンの方法で、公共事業をやるから安倍晋三政権は昔の自民党に逆もどりしていると言って批判するだけでは、新自由主義者のエジキとなってしまうだけでしょう。しかし、問題はそれがどういうところに投資されていくかということです。福島第一原発の老朽化した原子炉「マークI」の事故も含めて、いまの日本が抱えている問題はインフラの老朽化です。首都高もこの間事故があった笹子トンネル[注7]も同じような老朽化の問題を抱えています。だから本来重要なのはメンテナンス、改修をどうしていくのかということなのに、自民党がこれからやろうとしている工事の多くが新規の公共事業です。

さらに、ここで問わなければならないのは、「公共の福祉」と言

注7　二〇一二年一二月二日に山梨県大月市の笹子トンネルで天井板のコンクリートが崩落し、走行中の車が巻き込まれて死傷者が出た事件。

われるものが、一体誰の利害になっているかということです。民主主義というのは何かと言うと、いろんな利害を調停するためのシステムです。そして、利害には共同利害と特殊利害の二種類があります。特殊利害というのは特定の集団や業界が自分たちのために必要とすることで、これに対して共同利害は特殊利害を超えた大きな視点で見たときの利害です。そして、ある人たちの特殊利害と共同利害とは対立することがある。これをいかに調停していくかというのが民主主義の問題です。

特殊利害というのは様々にあって、公共事業を請け負う人々、それを推し進める政治家たち、そしてこれに反対する住民たちにもそれぞれの特殊利害があります。これらの特殊な利害が健全な形で押し合いへし合いしていくと民主主義がうまく機能するのですが、日本ではこれが全然できていない。その結果、行政はどうしても道路をつくろうとする人たちの特殊利害のほうにばかり引っ張られていきます。そして、一部の人たちの特殊利害をあたかも共同利害のように見せかけるということが起こってくる。例えば、原発をたくさんつくらなければならないというのは、明らかに日本国民全体の共同利害ではありませんでした。しかし、これを推進しようとする強力な特殊利害があったし、いまもあるわけです。

たしかにケインズは公共投資として「道路でもつくればいい」と書きました。でも、その道路は必ずどこかの具体的な場所を通っていく。その場所には現に生活をしている住民がいる。それだけではなくてそこに住んでいる動物もいるし、植物もあるんです。一般に「利害」と言うと僕たちは人間の利害ばかりを考えるけれど、動植物の利害というものだってある。いまの民主主義に参画できないのは庶民だけじゃなくて、実は動植物もそうなんですね。でも、動植物はその空間の中で生きている。散歩している犬にだって利害がありますからね（笑）。

僕たちは動植物の抱えている特殊利害までも議論のテーブルに参加させるような、究極の「対称性の民主主義」をつくり出そうとしているのだと思います。動物や植物の主張を代わりに語るのが科学であり、そのまわりで生活している人間たちが彼らの主張をバックアップする証言をおこなって議論を進めるのです。

ここで問われているのは、民主主義とは何かという本質的な問題です。ギリシアの時代から、民主主義には特殊利害を共同利害にすり替えるという問題がつきものです。ギリシアでは奴隷も女性も民主主義から排除されていました。これはいまの民主主義でも同じです。なにせ民衆と動植物が入っていないんだから（笑）。

しかし、本当はこういうものとは異なる民主主義があるはずなんです。実際にそこで生活している人たちと向かい合って、対話をして、相互に異なる特殊利害の間にいかなる調停点をつくり出すか。本来はそういうプロセスの中にこそ民主主義というものがある。その過程を全部抜きにして、最初から行政が公共事業側の特殊利害に基づいて、それを推進していく。こういうことが日本のいたるところで幾度もおこなわれてきました。それを何とか違う方向に、民主主義のおおもとの考え方に戻していかねばなりません。そういう運動がいまこそ必要だと思うんですね。

國分――いまの中沢さんのお話を聞いていていて、これまでずっと自然哲学の話をしてきたのに僕はまだ人間中心主義的だったなと反省しました（笑）。民主主義と言うときに動植物のことも考えなくてはいけないというのは本当にそのとおりだと思います。

先ほど中沢さんが、いまの民主主義は対話の過程を抜きにしているとおっしゃったことは大変重要だと思います。東京都ははじめから「もう決まっていること」という態度で、建前の住民説明会をおこなうだけ。住民の意見を聞いて、それをフィードバックさせて考えるという回路がまったくない。

僕はこの「反映させる会」の人々が、道路建設に「反対する」という言い方ではなくて、「住民の意思を反映させる」という言い方にこだわったことは、非常に重要だと思うんです。住民投票の結果、住民が本当に賛成するのであれば道路がつくられても仕方がないけれど、そういうことを含めて、地域社会をつくるプロセスに住民が参加するという原則を貫いている。

さっき、この問題について考えることができなければ、自分がやっている哲学は嘘になると言いましたが、僕なりにずっと考えてきて分かったのは、近代の政治哲学がどうも立法権中心主義でものを考えてきたのではないかということです。近代の民主主義において住民に許されているのは、ごくたまに、不十分な形で、立法権に関わるということだけですね。つまり選挙です。何年かに一度、選挙をやって、そこで代議士を選ぶことは認められている。では、なぜ、住民が立法権に部分的に関われるだけで、その政治体制が「民主主義」と呼ばれるのかというと、物事を決めるのは立法権だという建前があるからです。立法府である議会が物事を決定し、それを行政府が執行することになっている。

しかし——これは『POSSE』という雑誌にも書いたことなんですが[注8]——この建前は事実の正反対です。なぜなら、実際に物事を決めているのは行政権であるからです。立法府はそれを追認し、その決定に正統性を与えているだけです。たとえば、官僚が「こんどこういう保険制度にしたいのですが」と決める。国会はそのために必要な法律を通す。東京都が「今度ここに道をつくります」と決め

注8　國分功一郎「議会制民主主義はいかにして反民主主義的でありうるか?」『POSSE』一四号、二〇一二年二月、NPO法人POSSE。

る。都議会がそのための予算案を通す。実際に政治において物事を動かし、統治をおこなっているのは行政府です。立法府はそれを後から追認する機関にすぎない。立法府はいわば「君臨すれども統治せず」みたいなものです。

でも、建前では立法府が物事を決定していることになっているから、立法府に代議士を送り込む選挙に住民が参加できれば「民主主義だ」ということになる。そして、行政府は決められたことを執行する執行機関にすぎないと見なされているから、その決定・執行プロセスに住民が関わることは認められない。僕らには行政府に対してアクセスする権利がほとんどありません。住民投票は首長の解任と議会の解散についてしか拘束力をもたない。あとは市長や知事など、行政の長をたまに選挙で選ぶことぐらいです。個々の政策には全く関われない。

「議会制民主主義は民衆の意思をきちんと代表しているのか?」という問題については、これまでの政治哲学がつとに指摘してきたことですし、多くの思考の蓄積があります。しかし、近代の政治哲学は立法権の正統性について熱心に論じるあまり、「行政権に対して民衆がどうアクセスするのか？」という問題については、ほとんど考えてこなかったのではないか。僕が最近いろいろなところで言っているのは、行政府の決定に住民がオフィシャルに関われるルートを様々な形で確保していかなければならないということです。例えば、住民投票やパブリックコメントにきちんとした拘束力を持たせる。あるいは諮問委員会をつくる際には、そこに住民をきちんと入れる。そういうことが必要です。これは近代の民主主義理論を根底から見直すことを意味します。

実は住民が行政の決定に関われないことの問題点は国のレベルでもすでに認識されています。総務省は二〇一一年の二月に、拘束型住民投票の導入を盛り込んだ地方自治法の改正案をまとめていました。具体的には大型公共施設の建設に際して、住民投票に法的拘束性を持たせるというものです。もし実現したらこれは大変有意義なものであっただろうと思います。というのも、先ほど述べたように、これまで拘束型の住民投票は首長解職と議会解散に限られていて、個別政策の是非については、住民投票はできますが、行政はその結果には拘束されない諮問型しかなかったからです。

ところが、この改正案は潰されました。どこが反対したかと言うと、全国知事会などの地方六団体がこれに反対したんです。そのときの知事たちの言い分というのが実によくできています。そんなことをしたら「議会制民主主義の根幹を変質させる」と言うのです。住民投票をやって住民が個別の事案について決定を下すなら、これほど民主主義的なことはない。ところが、知事たちに言わせると、選挙によって選ばれた首長と議会によって政策決定はされるべきであり、住民投票などでその決定に口出しされたら「議会制民主主義の根幹が揺らいでしまう」というわけですね。議会制民主主義が反民主主義的になることをこれほどみごとに示している例はないでしょう。

今回、僕たちが関わっている小平市の道路計画に対する住民投票の運動は、一見小さな問題ですが、先ほど中沢さんがおっしゃったように、東京の都政のターニングポイントになるという意味では日本の政治の縮図でもあります。また、欠陥だらけのいまの民主主義を再考し、これを根本的に再構築していくための一歩でもあります。僕は、こういう細かい実践、各地方・地域ごとの努力なくして、日本全体の民主主義なんて絶対に変わらないと思うんです。

自然との民主主義と非敵対的矛盾

中沢――民主主義の話を続けましょう。よく「日本には民主主義の伝統がない」とか、「民主主義はギリシアに発するヨーロッパ特有のものだ」などと言われますが、僕はこれとは少し違った考えを持っています。日本にも民主主義の伝統が――目に見えない形をとってですが――きちんとあるんです。僕の考えでは、それが一番典型的に現れているものは里山[注9]なんですね。

里山は近世以来、日本中にたくさんつくられたのですが、あれは動植物の利害をきちんと考えているんです。もし人間の利害だけで里山をつくろうとしたら、本当にまっ平らで余計な植物もない空

注9　人間の集落に隣接し、その結果として人間の影響を受けた生態系が存在する山のこと。

間、つまり企業化された農地みたいな収益性の高い空間をつくるはずなんです。しかし里山はそうなっていない。ちゃんと動植物の要求を聞いてつくられているんですね。こんなことを言うと政治家に笑われてしまいますが、僕は里山というのは日本型の民主主義の隠れた現れだと思っているんです。

國分―里山に日本の民主主義の原型があるというのは、大変独創的な解釈ですね（笑）。僕は里山に非常に関心があって、里山というのはもともと人工的なものですよね。だからそこには技術が入っている。しかし、その技術と自然というものの間に、ある種のバランスが保たれている。「調和」と言うと聞こえはいいんですけど、人間がそこを利用し、かつ自然もそこを利用する、「技術《テクネー》」と「自然《フュシス》」の狭間みたいな空間が里山ですよね。

中沢―「調和」というよりも「非敵対的矛盾」と言ったほうが正確です。動物が求めているものと人間が求めているものは、お互いに矛盾する。しかし、必ずしも敵対はしない。そういう関係がありうるんです。これはいわばヘーゲルの弁証法的な関係ですね。

何でも調和させてしまうやり方は、お互いが持っている矛盾を対話しながら練り上げていくのとは違って、闘ったり議論したりするのは嫌だからとりあえず避けて（調和させて）しまうというだけで、決して前には進みません。むしろ抑圧になってしまいます。ものごとを深めていくためには、お互いが議論したり、対話したり、ときには闘争もしなければなりません。それがこの世界の道理というものです。

里山の場合、やっぱり動物も主張しているんです。例えば変なところにあぜをつくると、動物が怒って穴をあけちゃったり、あるいは、人間がつくったものをうまく動物が利用したりということもあります。僕は今森光彦さんが撮ったある琵琶湖の里山の記録映画[注10]を見てすごく面白かったんですが、その映画の中で、段々畑の上のほうにナマズがたくさん棲んでいるんですね。ナマズは産卵のために琵琶湖に下っていかなくてはならない。降りていくときはいいんで

注10　『今森光彦の里山物語』のこと。撮影・今森光彦ほか、構成・東陽一ほか。配給・「里山から考える21世紀」委員会、二〇〇〇年公開。写真家・今森光彦が「NHKスペシャル　映像詩・里山」制作のために二年間に渡って撮影してきた二〇〇時間におよぶ映像を改編制作したドキュメンタリー。

すけど、戻るときが大変で、水路が上から下に流れているから上がれなくなっちゃうんです。その里山には琵琶湖の水をくみ上げるための水揚げ機があるんですが、勇敢なナマズたちが水揚げ機のパイプの中にどんどん入っていっちゃう。それで、パイプの中をつたって「シュポーン！」って上がっていくんです。そこにナレーションが被さって、「このように人間と動物が共生しています」（笑）。

あの記録映画の里山では、水揚げ機という技術によって、人間と動物の間が調停されているんですね。人間と動物の間の調停って、ものすごいデリケートなんです。それを学ぶために、里山というのは格好の場所です。僕は日本人が守るべき貴重な思想と言えば、この「自然との民主主義」ということじゃないかなと思っています。

國分――玉川上水というのは、もともとは江戸に水を運ぶ用水路でした。「都に運ぶ水に葉っぱが交じってはならない」ということで、周囲に木を植えてはいけなかったそうなんです。ところがいまは木がたくさん茂っている。あれは全部鳥が運んできたらしいんです。

鳥が実を食べて糞をして、種を落としていく。全部それで生えた木だということです。だから、三六〇年前に人間が掘った用水路と、人間の手がまったく入っていない樹木。この何とも言えない奇跡的な関係の産物が玉川上水なんです。それが道路計画によって分断されるというのは、何ともやりきれない思いです。

さらに、今回の道路計画で消失する小平中央公園の雑木林は、近隣住民が何の気もなしに入って好き勝手にいろんなことをやっているような、本当に人々の憩いの場所なんですよね。子供は遊んでいるし、犬の散歩をしている人やゲートゴルフをしている人もいる。僕もよくあそこでタバコを吸ってボーッとしていました。中には座禅を組んでいる人とかもいて（笑）。

中沢——座禅くらい僕だって組むよ（笑）。國分さんはスピノザの専門家だけど、スピノザは地上に特別な空間というものを認めない無神論ですよね。「自然と人間とは同じ地平で一体である」というのがスピノザの哲学ですが、まさに小平中央公園はスピノザ的な公園、スピノザの森ですね（笑）。

こういうスピノザ的な森とは別に、「お入らずの森」というものも日本に昔からあります。ここでは逆に、人間が決して入ってはいけない空間が形成されている。そこにあるのは自然と水と動植物だけの世界です。これは日本の古来の宗教の考えに基づいています。

僕はスピノザの森も大好きだし、お入らずの森も大切に思っています。水源地に関わるような森は、お入らずの森にしないと荒らされてしまいますからね。不動産屋が入って来やすくなってしまうんです。スピノザの森の唯一の欠点は、不動産屋が入りやすいということです。だから今回の道路問題のような危険なことも起こってしまう。それがスピノザの森が抱える、市民に開かれているがゆえの矛盾の一つだと思います。

國分―なるほど、スピノザの森かぁ。たしかに僕はあの雑木林を見ながら、向かいの都営住宅でスピノザについての博士論文を書いていました（笑）。その博士論文がもとになっている僕の『スピノザって書けたものかもしれないです。

の方法』という本はもしかしたらスピノザの森から大きな力をもらって書けたものかもしれないです。

話を少し戻しますが、先ほど中沢さんがおっしゃった非敵対的矛盾というのは、非常に重要な概念だと思います。僕は人間が自然の中に溶け込んで生きるというナチュラリズムはあり得ないと思っていますす。それはロマン主義的な思い込みです。農業だって自然ではない。むしろそれは自然と正反対の高度な技術であり、大変な自然の改変をおこなっている。例えば、キャベツというのは品種改良によって人間がつくり出した、光合成がおこなえなくなった葉っぱの塊ですから、一種の奇形ですよね。だけど、そういう技術を適当に自然が許してくれているからやっていける。

確かに「自然との調和」などと観念的に、あるいは印象的に言うのは大問題です。

中沢——実は「自然」なんていうものは、それ自体としては存在していない。そこにあるのは、植物だったり、昆虫だったり、あるいは水の流れであったりするだけです。でも、そこに形成されている玉川上水も小平中央公園の雑木林も、実に自然な感じがする。だからといって、この「自然」を取り出して見せることができるかと言うと、それはできない。「自然」というのは、あくまで人間の頭の中で抽象化してそう言っているだけですから。

実際にあるのは具体的な動物とか、植物とかの個物です。そういったものと人間がコミュニケーションする、ということの総体をとりあえず「自然」と言っているわけです。「自然」という概念が最初からあって、これを大事にしましょうという話ではないんです。いま実際にそこにあるものとどうコミュニケートして、どう自分が変わっていくのか。僕が「自然との民主主義」というのはそういうことです。

政治的なものの再興

中沢――國分さんと「反映する会」のみんなと街頭で署名集めをして

みても感じたんですけど、パンフレットを渡そうとしても「政治には関わりたくない」といった感じで逃げる人がたくさんいるんですよね。政治的なものに対する妙な恐れがある気がします。それは、これまでの左翼運動がおこなってきたことに原因があると思いますが、この政治アレルギーは日本人の習い性になってしまっていると思います。

これまでの日本の社会運動が抱えてきた問題は、非敵対的矛盾というものを分かろうとせずに、ことさらそれを敵対関係にしてしまう伝統にあります。自分と違うものをすぐに敵として考えてしまう。でも敵じゃないんです、ただ矛盾しているだけです。そして、矛盾したものをどう調停していくか、弁証法化していくかということが民主主義の一番のエッセンスです。

最近はいろんな意味で市民運動というものがデッドロックに乗り上げてしまっている感じがします。市民というものが現実の膨大な人々ではなくて、いわゆる「プロ市民」と言われるような人たちに凝縮してしまって、実際にはどこにも回路がなくなってしまっている。そこに何とか風穴をあけていくためにはどうしたらいいか。それがいま問われている。

國分——僕はちょっとした意識の持ちようで意外といろいろ変わるんじゃないかと思うんです。例えば自民党の議員と付き合うのは嫌だとか、そういう感覚を少し変えて、「こういうチャンネルもある、ああいうチャンネルもある」と考えて、矛盾しているものと付き合いながら、それを利用していく。そういう発想が大切じゃないか。

中沢——もう少し、みんなに遠い視点を持って欲しいんです。それがないと、万事は弁証法で動いているにもかかわらず、その時々の敵対的な二項対立にすぐにとらわれてしまいます。でも、そんな二項対立なんて必ず反転してしまうものです。

例えば、自民党は敵かというと、敵ではないです。自民党はかつては農村部を土台とした政党でしたし、ある意味ではいまだに保守です。自民党の中にいるそういう保守的な人たちが、新自由主義的な経済政策に対して、ある種の抵抗感を示して公共投資というケイジアン的な方向に舵を切ってきたということの意味を、僕らははっきりと理解してから、問題に対処しなくてはいけない。もちろん、住民の意思を無視して必要のない道路計画を強行することは大きな間違いですけれど。

共産党なんかもいいことを言っている。いいこと言いすぎなくらいですが（笑）。だけど共産党がなぜ影響力を持たないのかと考えると、どうもこの矛盾論の考え方に原因があるんじゃないかなあ。

國分――共産党が矛盾論を分かっていないなんて大変な問題じゃないですか（笑）。

中沢――マルクス読みのマルクス知らず（笑）。

國分――日本人に強い政治アレルギーがあるというお話は僕も痛感しています。だからこそ、僕はいま日本でデモが少しずつ拡がっていくことに強い賛意を示したんです。政治アレルギーが少しでも弱まればいいと思っている。僕はフランスに留学していましたけど、フランス人は政治が大好きなんですよね。まぁ、フランス人が政治好きなのは、フランスにあまり娯楽がないからではないかという有力な説もあるんですが（笑）、いずれにせよ、あそこまでにならなくてもいいから、日本の政治アレルギーは何とかしたい。そうじゃないと「どうせお上が決めたことだからね」「どうしようもないよ」という観念の支配が続いてしまう。

中沢――僕らの世代は政治が嫌になってしまった最初の世代です。全共闘の運動の直後で、連合赤軍事件なんかを脇に見ていた世代ですから、政治に対してはほとんど引いてしまった。それからというものは政治というものに対してシニカルな視点がどんどん蔓延していって、いまでは知識人の政治へのコミットメントは非常に弱くなってしまいました。

國分さんの世代の若い人たちを見ていても、政治に対して「あれはお祭りなんだよ」という感覚を育てた知識人はむしろ少ないくらい。何か、とても狭い視野でものごとを見ている気がします。

國分——たしかに政治を忌避したり、「どうせ何も変わらない」と諦めたりする悪い空気が日本には蔓延しています。でも、そういう感情が出てきてしまうのは、自分たちの意見を表明していくルートが構造的・制度的に断たれてしまっているからだと思うんです。だから——いまはまだ本当にかすかなルートですが——、住民投票などの制度できちんとそれを示せるようになれば、絶対に人の意識は変わっていくと思うんです。先にも言いましたが、そうやって少しずつ変わっていくという形でしか、全体の政治は変わらないと思います。

具体的なものと場所性

國分——この前、『atプラス』で柄谷行人さんと対談[注11]する機会があっ

注11　柄谷行人＋國分功一郎「デモクラシーからイソノミアへ」『atプラス』15号、太田出版、二〇一三年二月。

たんです。柄谷さんが『新潮』で連載していた「哲学の起源」が単行本になったので、それをテーマにお話ししました。『哲学の起源』という本の中に、僕が大変感銘を受けた記述があります。それはヘラクレイトスに対する柄谷さんの分析なんですね。柄谷さんは、ヘラクレイトスは一般には大衆蔑視の哲学者だと思われているけれど、そこには政治的背景があると言うのです。

ペルシアに占領されていたイオニアの諸都市はペルシアに対して「イオニア叛乱」[注12]を起こす。けれども、ヘラクレイトスの住むエフェソスの民衆は、その叛乱に加わらず、隷従の中での安息を選択した。ヘラクレイトスがエフェソスの民衆を罵倒するのはそうした背景があってのことだ、と。この点も大変興味深いのですが、僕が感銘を受けたのは、その上で柄谷さんが、ヘラクレイトスはエフェソスの民衆を罵倒しながらも、生涯、エフェソスを去らなかったと強調されていることです。たしかにヘラクレイトスはコスモポリタンだった。けれども、自らが志向する「イソノミア（無支配）」、自由と平等が両立する政治体制は、自分が住むこのエフェソスで実現し

注12　アケメネス朝ペルシアの支配に対して、ミレトスを中心とするイオニアの諸ポリスが、紀元前四九九年から紀元前四九四年にかけて起こした叛乱のこと。

なければならないと考えていた。だからヘラクレイトスは断固としてエフェソスに留まった。マルクスの「ここがロードスだ、ここで跳べ！」[注13]ではありませんが、ここでやることが大切だと思うんです。

そのときに、やはり「地域」というものを考えます。先ほど「自然」というものを抽象化して考えてはいけないという話がありましたが、3・2・8号線道路問題に関わるにあたっても、自分がいつもタバコを吸いながら博論について考えていたあの雑木林と玉川上水がこんな形でなくなってしまうのはどうしても嫌だという気持ちが出発点にあります。そうやって地域の問題に関わるとき、人は抽象的なところにはいかずに、この場所で、この問題をどうするかという風に具体的に考える。そうやって具体的なものから出発することが大事だと思うんです。

中沢—国とか地域とかいうのは具体的な場所です。そこで生きている人や動物、植物がいる。かつてのマルクス主義運動では、そうい

注13　カール・マルクスが『資本論』第二編において、等価物同士の交換からいかにして資本家は利益を得ているのかを考察する場面で使用した言葉。もとはイソップ寓話のほら吹き男のエピソードに出てくるセリフで、ほら吹き男が「ロードス島で大跳躍をした、嘘だと思うならロードス島に行って聞いて見ろ」と言って回っているのに対して、それが本当ならいますぐここで跳んで見せろと皮肉ったエピソードに起因する。

う具体的なものをすべて捨象して、一足飛びにインターナショナリズムへと向かってしまいました。その捨象された場所、例えば地方というものを権力の磁場にしたのが自民党なんです。しかし左翼運動の側はこれに抽象的な観念論で立ち向かうから、闘いになりません。そのために、それは解体現象を起こしてしまいました。

かつてのマルクス主義者たちは、たいてい個と世界を短絡的につないでしまいました。要するに、個の問題から一気に人類の問題に飛んでしまう。本当はその間に共同体とか国とか、さらには自分が生きている地域というものがあるはずなんです。地域とか国の問題に立脚しなければいけないと言うと、昔ならば「あなたは保守派なのか」「ナショナリストなのか」というレッテルを貼られるところです。でも、実はそうじゃない。人類という「類」と「個」というものをつなぐためには、その間に「種」というものがないといけません。そうしないと弁証法が動いていかないから。

國分――田邊元[注14]の「種の論理」ですね。

注14 (一八八五―一九六二年) 西田幾多郎と共に京都大学を代表する哲学者。「種の論理」は「社会存在の論理」「種の論理と世界図式」などの論文や『種の論理の弁証法』などの著作で展開された。

中沢――そうです。あの本を田邊元が書いたときに彼の念頭にあったのは、旧来のマルクス主義に対する批判でした。マルクス主義は個と類だけを取り上げて、間にある種というものを問題にしない。そして、これを全部保守派や右にゆだねてしまった。受け取った保守派や右のほうは、今度は種を「大日本帝国」という国家に短絡させてしまいました。これはこれで弁証法が動かない。田邊はそれで一生懸命に種ということを強調しましたが、戦後に「あれはナチズムだ」と言われて攻撃を受けました。ナチズムも土地というものに自らを立脚させようとしていましたから、同じように見られたのですね。

田邊が正確に批判したように、共産主義のインターナショナリズムは種をないがしろにしたんです。むしろ種は解体して類へアウフヘーベン注15されなければならないと考えていました。しかし、現在ではこの考え方が無効になってきていると思います。なぜかと言うと、グローバリズム自体がインターナショナリズムをもっとも先鋭的な形で展開しているからです。

注15 aufheben は日本語で「止揚」、もしくは「揚棄」と訳される。ヘーゲルが弁証法を説明するときに使用した概念で、古いものが否定されて新しいものが生まれる際に、古いものが持っている積極的内容を保持しつつこれを内在的に克服し、高めるという形で新しいものが現れること。

今日国家を解体し、共同体を解体し、地域を解体していくということを実際に進めているのはグローバリゼーションです。そうするとグローバル資本主義が現におこなっていることと左翼インターナショナリズムが想念の中でおこなっていたことが、だんだんと近づいてしまうわけです。

種に立脚した民主主義ということを考えると、これはいままでの左翼のモデルにはうまく当てはまらないんです。そういう大きな問題に直面していて、これに対する明確な回答はまだ出ていない。だから、自分たちで新しくつくっていかなければならない時代にきている。田邊さんが種と言っていた、個と類をつないでいく大きな具体的世界の領域をいかに理論に取り込んでいくべきか。それが課せられているんだと思います。

中島岳志さんが「保守」と言っているのは実はこのことで、彼の「保守派こそ反原発を」という立場はなかなかいいところを行っています。中島さんはいわゆる「保守」ではありませんからね。でも、そういうことに本当に取り組んできた人というのは、いままでそんなに多くないんですよね。僕が見たところ、この問題を本当にはっきりと意識して取り組んでいたのは、メルロ＝ポンティじゃないかなと思うんですよ。メルロ＝ポンティが現象学という言葉で具体的なものに立脚していったときに、サルトルのようなマルクス主義哲学者に対してした批判[注16]はすごく重要だと感じます。

民主主義と直観知

國分――先ほど中沢さんは、「自分たちで新しくつくっていかなければならない時代」だとおっしゃいました。僕もよく「具体的に考えなくちゃいけない」「具体性が重要だ」と言うんですが、この「具体的」という言葉は自分が言いたいことに届いてない気がするんです。一体どう表現したらしっくりくるか……。最近、それをずっと考えています。

それと関係するんですが、先ほどの知識人の話ですけれど、一九三三年に日本共産党幹部だった佐野学と鍋山貞親が発表した有名な

注16　一九五五年に刊行された『弁証法の冒険』（みすず書房、邦訳一九七二年）で、メルロ＝ポンティはサルトルを「ウルトラ・ボルシェヴィズム」であるとして、サルトル哲学と彼のソビエト共産党擁護との関係を批判した。この批判に対するサルトルの応答およびメルロ＝ポンティの応酬は『サルトル／メルロ＝ポンティ往復書簡』（みすず書房、邦訳二〇〇〇年）にまとめられている。

「佐野・鍋山の転向声明[注17]」というものがありますよね。コミンテルンが一九三二年に決定した「三二年テーゼ[注18]」にあった天皇制廃止論を批判して、皇室に対する国民の尊敬の念を重視すべきだという声明文です。日本の革命運動の文脈では「転向」という言葉にはうしろめたい雰囲気がただよっていますが――最近ではその雰囲気ももう忘れられているかもしれませんけど――、あの二人はうしろめたく思うどころか、声明を発表した後に「僕たちはこれから本当の革命運動をやるんだ」と意気揚々としていたらしいんですね。あれこそ、個の問題からいきなり人類の問題に抽象的に飛躍した人たちが、今度はコロッと抽象的な種の論理として天皇制の肯定に入っていくという最悪のパターンですね。

抽象的なインターナショナリズムにも抽象的なナショナリズムにも陥らずに、どういう具体性の世界を構築していくか。両者にどう抗っていくか。これが重要だと思います。田邊元の「種の論理」やメルロ゠ポンティの名前を出すと、すごく危うい話だとも受け取られかねないとは思います。しかし、教条主義的にそれを「ナショナ

注17　佐野学＋鍋山貞親「共同被告同志に告ぐる書」の通称。一九三三年六月一〇日に発表された。日本共産党幹部の劇的な転向声明で、一九三〇年代のマルクス主義者の検挙と一斉転向を象徴する文書として、様々な研究者から言及される。

注18　一九三二年にコミンテルン（第三インターナショナル）が決定した「日本における情勢と日本共産党の任務に関するテーゼ」の通称。当時の日本を天皇を君主とする絶対主義の段階にあるとして、天皇制の打倒を当面の目的とし、その後にプロレタリア革命に向かうべしと説いたもの。

リズムだ」と切り捨てるのでは、まさしく抽象的なんです。具体性の世界について、正面から、しかし理論的に考えなければならない。これはすごく難しいけれど、非常に重要な課題です。

中沢──でも、すでにいろんなところにアイディアは出ていると思うんです。例えば、ドゥルーズの「表現」という概念では──彼には『スピノザと表現の問題』[注19]という著作もありますが──具体性と普遍性、個、種、類というものが一体になっているでしょう。「表現」は運動のことで、その中でこれらが結合・分離しながら新しい組み合わせをつくっていくのですね。

僕が小平中央公園の雑木林をスピノザの森と言ったのは、あの場所がまさに「表現」の空間だからです。表現というものは普遍的なものが具体性の世界の中に現実化してくる過程です。

國分──スピノザは表現ということと共に「直観知（scientia intuitiva）」ということも言いました。ベルクソンやドゥルーズも直観というこ

注19　ジル・ドゥルーズ『スピノザと表現の問題』工藤喜作・小谷晴勇・小柴康子訳、法政大学出版局、一九九一年。

とを重要視していますが、直観というのは個物そのものを具体的に把握することですね。そして、これこそ、近代の分析的知が排除していったものです。

直観とは何かということだと、たぶん、ベルクソンの説明が一番分かりやすいと思います。ベルクソンはこう言っています。ある人についてどれだけのことが物語られようとも、私がその人に実際に会ったときに経験する「端的な、分解し得ない感情」と等価なものは得られない。つまり、その人物と実際に会った場合には、動作や態度や言葉のすべてが、まるで一つの源泉からあふれるように自然のままに流れ出てくることが感じられる。そのとき、その人物の「そこなわれぬ全体が一挙に私に与えられた」のだ、と。[注20]

こういう言い方をすると難しく聞こえるかもしれませんが、僕らは日常生活の中で実はたくさん直観しています。例えばある人間と付き合いはじめて、しばらくしてから「ああ、こいつはこういうやつなんだ」と分かるときとか、勉強していて「ああ、なるほどこういうことが問題になっているのか」と分かるときとか。ところが、

注20　ベルクソン『哲学的直観ほか』坂田徳男ほか訳、中公クラシックス、中央公論新社、二〇〇二年、六―七頁。（國分）

直観知は決して公共的に証明できない。「私は直観している」と言ってもそれは客観的に示せるわけではない。だから近代的な科学はこれを排除してきた。学問や科学で排除されているものだから、僕らは日常的にはたくさん直観しているにもかかわらずそれを大切にできていないんですね。

スピノザについて本を書いて以来、ずっとこの直観というものをどう復権することができるかを考えているんです。そうすれば具体的なものを思考するという課題についても展望が開けてくるのではないか。ベルクソンなんかは、直観に向かえるようになれば、我々は活気づけられて、人生も豊かになるみたいなことまで言ってますからね[注21]（笑）。

中沢――メルロ゠ポンティのセザンヌ論[注22]（「セザンヌの疑惑」）は、まさにその問題を扱っているんですよね。絵画における直観というものは何かということがテーマです。彼にとって風景画が一番大きな問題になるんですが、僕らが風景を見ているときに、本当に風景を見

注21　ベルクソン『哲学的直観　ほか』坂田徳男ほか訳、中公クラシックス、一〇六―一〇八頁。（國分）

注22　モーリス・メルロ゠ポンティ『間接的言語と沈黙の声〈メルロ゠ポンティ・コレクション4〉』（木田元編訳、みすず書房、二〇〇二年）に収録されている。

ているのかどうかということなんですね。そこからメルロ＝ポンティは、人間がものを見るというのは何なのかというところにまでいってしまう。

認識と言われるものは実はいろんなものを捨象したときにはじめて成り立つわけで、ニューロンが外界の情報をとらえる際に一定の捨象をおこなうわけです。その捨象された情報の組み合わせの上に分類的世界というものがつくられるのですが、画家の目はそれとは逆にいま自分が見ている世界を捨象しないという方向に向かうわけです。捨象して分類し、体系化するときにそぎ落とされてしまっている、豊饒な世界を取り戻すこと。メルロ＝ポンティはそれを直観という言葉でとらえようとしていると思うんですね。

人間の世界はいろんなものが積み重なって形成されています。一番上は常識や観念というものがつくっている抽象化の世界で、一番下層が感覚器官です。そして下層から上層に至るまでに様々なものが捨象されていきます。そのプロセスを反対方向に戻していくという運動をしていかなければいけません。直観知というのはそういう運動なんだと思います。

國分――近代的な知のあり方は、悪い意味でのカント主義と言うか、概念からしか世界をとらえないわけですね。分析的にしかものをとらえようとせず、総合的な知性が貶められていくという傾向の中で、そういう直観のようなものをどう復活させたらいいのか。僕はそれを哲学的に考えたいですね。

中沢――そういう哲学的な問題と、玉川上水の上に三六メートル道路が通されるということは同じなんです。この二つを解離させていることがいまの知識の問題だと思うんです。思想系の雑誌に「現象学」というテーマで論文を書いている人はたくさんいるけれど、「そこにあなたが書いていることは、いまここに道路がつくられようとしている問題とまっすぐにつながっているんだよ」ということを知らしめていかなくてはならないと思います。

國分──そうです。まったくつながっているんですよ。

中沢──この問題は民主主義というものを考える上でも極めて重要です。いわゆる「世論」と呼ばれるものがありますが、この世論は現実の人々が具体的な生活の中で考えていることから捨象されて形づくられたものです。それは現実に人々が考えていることではありません。いまの民主主義の「投票」というのも捨象のシステムです。そこで「民意」と言われているものは、本来人々の中に抱え込まれている複雑な事象が捨象され、抽象的な数に変えられてしまったものです。そうして形成された世論がすべての方向性を決めていくというのが、いまの民主主義のシステムです。

そういうものを、それこそ現象学的にいったん括弧に入れて、疑っていくということが大切で、本当はその間に捨てられていくもの、見えなくなっていくものがたくさんあるんです。それを取り戻していくということが、僕たちのこれからの実践的な課題でしょう。

國分――それこその連続対談では、まるで結びつかないように思われるものの関連を解きほぐしながら続いてきたように思います。原発から先史の哲学、ハイデッガーと東洋の賢人、数学と旧石器時代の言語に共通する問題……。それが最終的に民主主義と実践の問題にまで拡がり、さらには中沢さんと僕が都道3・2・8号線問題という共通の実践的課題に取り組むまでに至った。このこと自体がいまの知のあり方に対する一つのメッセージになっているのではないかと思います。その意味で、この「対談」はここで終わりではありません。僕は自然哲学の可能性をもっと追究していきたい。それは〝哲学の自然〟、つまり、哲学の本性の解明につながることです。この課題にこれからも中沢さんと一緒に取り組んでいきたいと思っています。

（二〇一二年一二月二〇日、小平市「いろりの里」にて）

後記

本文にもある通り、二〇一二年一二月一七日から二〇一三年一月一一日の間、東京都小平市では地方自治法の規定に基づく署名活動がおこなわれた。小平市都道3・2・8号線の計画について、計画を見直すべきか否かを問う住民投票の条例案制定を求めたものである。二〇一三年一月一五日、「小平都市計画道路に住民の意思を反映させる会」は小平市選挙管理委員会に署名簿を提出。その後、法定必要署名数二九八三筆を大幅に上回る七一八三筆の有効署名が同委員会によって確認された。

署名期間は年末年始を挟んでおり、実質的には三週間程度であった。それにもかかわらずこれだけの署名が集まったという事実は、小平市民の同問題に対する関心の高さを表している。なお、署名運動については、毎日新聞、東京新聞、朝日新聞、読売新聞などの各紙が記事を掲載した。

この後、小平市長が条例案に意見を付して市議会を招集。市議会がこれを審議することになる。小平市議会は二〇一三年三月に予定されている。議会が条例案を可決し住民投票を実施するか。それとも条例案を否決するか。注目が集まっている。

（國分記）

あとがき

哲学者は自分の言葉で考え、表現する人のことを言う。自分で概念をこしらえ、それをもって現実に立ち向かう。國分さんは今日では数少なくなった、そういう哲学者の一人である。『暇と退屈の倫理学』を読んだとき、スピノザを勉強してきた人が、「倫理学」という言葉に大いに実用性のある新しい意味を付与し、それを使って「いま・ここのエチカ」をつくろうとしていることに、とても感心していた。

だから3・11のあと対話をするならこの人だと思っていた。多摩美術大学で教えてもらっていた頃、たくさんの学生が國分さんの講義をほめていた。自分の考えや知識を押しつけるのではなく、話している自分の思考と聞いている学生の思考との間に見えない通底器のような空間をつくり出し、その空間で聞こえない対話を続けるというような希有な講義のできる人だと、ものをよく考える学生から聞かされていた。そんなわけで、二人の対話ははじめからうまくいくに決まっていたのである。

何回か対話を続けているうちに、小平市ではじまった道路建設に反対する住民の運動に二人とも関わるようになって、一気に対話はリアリティをおびてきた。私たちは「自然哲学」の現代における可能性を探っていたが、この住民の運動を突き動かしているものこそ、その可能性の実現であることに、二人ともすぐに気づいた。この運動はいまも進行中であるので、これがどういう帰趨をたどることになったかは、いずれまた二人で話し合ってみなければならない。
「自然哲学」は『チベットのモーツァルト』や『雪片曲線論』以来ずっと私が抱え込んできた大きな主題であり、それを優れたスピノザの研究者とともに深め、また現実世界での実践として鍛えていくことのできる体験を持つことができている私は、いまとても幸福である。この企画を実現してくださった太田出版の皆さんには、心からの感謝の気持ちをお届けしたい。

二〇一三年一月三〇日

中沢新一

第Ⅰ章　『atプラス』11号に掲載されたものに加筆修正
第Ⅱ・第Ⅲ章　語り下ろし
第Ⅳ章　二〇一二年一二月八日におこなわれた公開対談
「どんぐりと民主主義」に語り下ろし対談を加えて、大幅加筆

中沢新一 なかざわしんいち
一九五〇年生まれ。明治大学野生の科学研究所所長。著作に『チベットのモーツアルト』『純粋な自然の贈与』『森のバロック』『東方的』（講談社学術文庫）、『アースダイバー』（講談社）、『芸術人類学』（みすず書房）、『日本の大転換』（集英社新書）ほか多数。近著に『野生の科学』『大阪アースダイバー』（講談社）。

國分功一郎 こくぶんこういちろう
一九七四年生まれ。高崎経済大学経済学部准教授。専攻は哲学。著作に『スピノザの方法』（みすず書房）、『暇と退屈の倫理学』（朝日出版社）、訳書にジャック・デリダ『マルクスと息子たち』（岩波書店）、ジル・ドゥルーズ『カントの批判哲学』（ちくま学芸文庫）ほか。

atプラス叢書 03

哲学の自然

二〇一三年三月二七日初版発行

著者 中沢新一 國分功一郎
ブックデザイン 鈴木成一デザイン室
写真 田村昌裕
編集協力 野沢なつみ・小原央明・河村信
発行人 落合美砂
発行所 株式会社太田出版
〒一六〇-八五七一 東京都新宿区荒木町二二 エプコットビル一階
TEL 〇三-三三五九-六二六二 FAX 〇三-三三五九-〇〇四〇
振替 〇〇一二〇-六-一六二一六六
WEBページ http://www.ohtabooks.com/
印刷・製本 株式会社シナノ
ISBN978-4-7783-1345-6 C0095